INVENTAIRE
V36251

Strasbourg, 1859

V

RECUEIL
DE
MORCEAUX DE CHANT
A UNE, DEUX ET TROIS VOIX
A L'USAGE
DES ÉCOLES NORMALES ET DES ÉCOLES PRIMAIRES

PAROLES
DE M. DELCASSO
RECTEUR DE L'ACADÉMIE DE STRASBOURG

MUSIQUE CHOISIE ET ARRANGÉE
PAR M. GROSS
MAITRE-ADJOINT A L'ÉCOLE NORMALE.

DEUXIÈME PARTIE.

STRASBOURG
CHEZ FASOLI ET OHLMAN, LITHOGRAPHES.
PARIS
DEZOBRY, MAGDELEINE ET Cie, RUE DES ÉCOLES, 78.
1859.

RECUEIL
DE
MORCEAUX DE CHANT
A UNE, DEUX ET TROIS VOIX

A L'USAGE

DES ÉCOLES NORMALES ET DES ÉCOLES PRIMAIRES

PAROLES

DE M. DELCASSO

MEMBRE DE L'ACADÉMIE DE STRASBOURG

MUSIQUE CHOISIE ET ARRANGÉE

PAR M. GROSS

MAÎTRE ADJOINT À L'ÉCOLE NORMALE

DEUXIÈME PARTIE.

STRASBOURG

CHEZ FASOLI ET OHLMAN, LITHOGRAPHES.

PARIS

DEZOBRY, MAGDELEINE ET Cie, RUE DES ÉCOLES, 78.

1859.

STRASBOURG, TYPOGRAPHIE DE G. SILBERMANN.

AVANT-PROPOS.

Les premiers chants que MM. Delcasso et Gross ont empruntés à l'Allemagne, se sont rapidement répandus dans les écoles primaires. Ces mélodies nées sur les deux rives du Rhin, dans les vallées de la Suisse ou sous les sapins de la Forêt-Noire, sont redites aujourd'hui sur les bords de la Moselle, de la Seine, de la Loire et de la Garonne, sur les monts de l'Auvergne ou des Pyrénées. Dans l'espace de trois ans, quinze mille exemplaires ont été enlevés; et, si l'on songe que, dans beaucoup d'écoles, il n'y en a qu'un seul, celui du maître, on se rendra compte du nombre de voix enfantines, qui, dans toute la France, répètent ces cantilènes aussi pures par la pensée que suaves par la mélodie.

Les écoles de l'Alsace et de la Lorraine, où se rencontrent des dispositions musicales si heureuses, se sont vite approprié les soixante pièces du premier recueil. Aussi, de toutes parts, les instituteurs en sollicitaient un second, emprunté aux mêmes sources, conçu dans le même esprit, exécuté sur le même plan et maintenu au prix le plus modeste.

Les deux auteurs ont repris avec empressement leur douce tâche, et nous donnons à notre public, c'est-à-dire aux écoliers et à leurs maîtres, un nouveau volume qui, comme le précédent, forme en quelque sorte un cours de morale populaire, où la note musicale ne sert qu'à mieux accentuer la voix sortie du cœur.

Ce sont encore des chants religieux, des leçons de sagesse pratique, des exhortations au travail et à la vertu, des tableaux empruntés à la nature champêtre ou aux occupations de la vie rustique. Que ces filles naïves de l'Allemagne suivent dans nos villages les traces de leurs sœurs aînées! Des mélodies vives ou douces, gaies ou touchantes, associées à des paroles morales, peuvent, en se propageant dans les campagnes, y devenir, par leur charme bienfaisant, des agents de discipline et de civilisation. Messagères de paix et de joie, elles volent de chaumière en chaumière, laissant tomber de leurs ailes la rosée rafraîchissante des pensées honnêtes et des sereines consolations.

L'Éditeur.

PRÉFACE.

La première partie de ce recueil contient l'exposé sommaire des procédés que nous suivons pour enseigner le chant aux enfants. Dans cette seconde partie, nous traiterons des conditions essentielles *d'une bonne exécution*.

Pour bien exécuter un morceau il ne suffit pas de remplir exactement toutes les prescriptions relatives à l'intonation, au mouvement, au rhythme; les voix pourraient être parfaitement justes, la valeur des notes bien observée, et le résultat se trouver très-médiocre. La plus belle composition, à une ou plusieurs parties, exécutée sans goût, perd tout son charme et affecte péniblement les auditeurs au lieu de leur plaire.

Examinons quels sont les défauts qui, le plus souvent, privent le chant de son attrait naturel, et indiquons la manière de les corriger.

Le premier défaut des exécutants est généralement:

A. La dureté et la rudesse dans l'émission des sons;

Le deuxième:

B. L'inobservation des nuances indiquées par le compositeur;

Le troisième:

C. L'incohérence des parties entre elles dans les chœurs.

A. DURETÉ ET RUDESSE. REMÈDES.

La dureté et la rudesse dans l'émission des sons résultent:

1º De la force avec laquelle on crie au lieu de chanter;

2º Du peu d'ouverture de la bouche;

3º De la mauvaise tenue de la langue;

4º De la mauvaise position du corps;

5° De l'emploi de la voix de poitrine au lieu de celle de tête dans les sons aigus;

6° De la respiration défectueuse.

1° Les enfants ont une tendance naturelle à chanter à pleins poumons: le désir d'être remarqué entre tous les autres, de dominer les faibles, les anime tous, et cette émulation mal entendue fait que l'on crie.

Dans un morceau chanté à l'unisson par plusieurs personnes, la première condition, pour rendre l'audition supportable, c'est que toutes les voix se fondent en un ensemble bien homogène, où l'on ne distingue plus telle ou telle voix en particulier. Cette homogénéité, s'obtient par la suppression de ce qui distingue trop spécialement la voix de chacun: la suppression de ce que le timbre individuel a de trop saillant.

Or, quand les larynx sont distendus par des efforts violents, la fusion des voix est impossible, car il se produit autant de sons à timbre criard, qu'il y a de chanteurs; ces sons n'ont aucune affinité entre eux et affectent désagréablement l'auditeur. Nous ne voulons pas dire qu'il faille constamment appliquer sur les voix une sourdine qui exclurait toute nuance et produirait la monotonie; loin de là, le piano le plus doux et le forté le plus énergique viendront à l'occasion.

Pour obtenir cette fusion mélodieuse des voix, il est nécessaire que, *dans le piano comme dans le forté, chacun, tout en émettant de beaux sons, règle sa voix de manière à entendre celle des autres exécutants*.

2° La rudesse et la dureté du chant résultent quelquefois du peu d'ouverture donné à la bouche.

Le peu d'écartement des mâchoires, qu'on observe chez le plus grand nombre, est dû, soit à l'influence physique du climat, soit à une mauvaise habitude prise durant les leçons.

Il est facile de constater que, par une température froide et humide, la mâchoire inférieure se serre convulsivement contre la supérieure et acquiert une rigidité qui ne cède qu'à l'influence de la chaleur et à l'exercice à l'heure des repas. C'est pour cette cause que la plupart des chanteurs des pays froids et humides, serrent les dents et produisent des sons rauques et gutturaux.

Pour combattre cette influence physique et prévenir cette mauvaise habitude, ayez soin que les enfants ne serrent pas les dents en chantant, et, dans les morceaux que vous enseignez par imitation, ouvrez vous-même la bouche convenablement et sans grimacer afin que *par votre exemple ils acquièrent la bonne habitude.*

L'écartement des dents varie avec la prononciation des différentes voyelles et de leurs équivalents, elle est environ :

De 2 centimètres pour *a* et *as* ;
De 5 millimètres pour *ê*, *aie*, *aient* ;
De 2 millimètres pour *é*, *ai*, *ait*, *ef*, *er*, *es* ;
De 3 millimètres pour *e*, *eue*, *eu* ;
De 1 centimètre pour *o*, *eau*, *eaux*, *au*, *os*, *ot* ;

Pour l'émission de l'*i*, les dents se croisent sans se toucher et pour l'*u* les lèvres se ferment presque complétement.

Pour les voyelles composées et leurs équivalents, l'écartement des mâchoires varie de même, il est :

De 2 centimètres pour *an*, *ent*, *am*, *ans* ;
De 15 millimètres pour *on*, *om*, *ont*, *ons*, *ond* ;
De 1 centimètre pour *in*, *im*, *cin*, *aim*, *aint* ;
De 1 centimètre pour *un*, *uns* ;
De 3 millimètres pour *eu*, *euc*.

3° La mauvaise tenue de la langue est une troisième cause d'émission défectueuse du son.

La langue, qui ne concourt pas directement à la production du son, peut en altérer diversement les qualités.

Quand, par une contraction, la langue s'élève au fond du gosier, elle ferme en partie au son le passage par la bouche et lui donne un timbre nasillard; quand c'est le bout de la langue qui se soulève, le son prend le timbre du bêlement.

Pour éviter ces deux défauts également disgracieux, la langue doit rester couchée entre les dents de la mâchoire inférieure et ne se mouvoir que pour produire les articulations, si elle tend à se soulever, le maître, avec un crayon, ou une aiguille à tricoter, l'abaissera et indiquera la position voulue.

4° Une quatrième cause de l'exécution défectueuse se trouve dans la mauvaise position du corps.

D'ordinaire, les élèves sont assis pendant la leçon de chant; mieux vaudrait qu'ils fussent debout, se reposant dans les intervalles d'arrêt. Si cela n'est pas possible, il faut qu'étant assis, ils se tiennent droit, la tête haute, la poitrine avancée, les épaules effacées, le bras gauche légèrement appuyé, la main droite libre pour battre la mesure, et qu'ils se gardent surtout d'appuyer la poitrine contre le banc, car, loin de les reposer, cette position gêne le mouvement des poumons.

5° L'emploi de la voix de poitrine au lieu de celle de tête, dans les notes aiguës, rend le plus souvent l'exécution insupportable.

L'étendue de la voix des enfants, des garçons comme des filles, comprend ordinairement deux octaves, qui commencent une octave au-dessous du *la* du diapason et s'arrêtent une octave au-dessus de ce *la*[1].

En faisant parcourir cette échelle aux voix enfantines, on remarque qu'elle se divise en deux parties, dont les huit ou dix premières notes sont pleines, fortes, et qu'à partir de la dixième note le larynx, qui jusque là vibrait librement sous l'action de l'air chassé par les poumons, se contracte, le son prend un autre timbre, il est plus faible, et ne retrouve de l'éclat que dans les notes les plus élevées. La première partie est nommée voix de poitrine, la deuxième, voix de tête; elles forment, comme on dit, les deux registres de la voix. Quelques auteurs en distinguent trois ou quatre; sans contester la valeur de cette division, nous nous servirons de la plus simple.

En faisant des efforts violents, l'étendue du registre de poitrine s'agrandit de deux notes, mais elles sont dures et criardes, et la 8ᵉ et la 9ᵉ de la gamme, (*la* du diapason et *si*) forment la

---

[1] Tous les enfants ne possèdent pas toute l'étendue de ces deux octaves, de là, la division en 1ᵉʳˢ et 2ᵉˢ dessus ou sopranis, et altos et contre-altos.

limite naturelle de ce registre que le maître ne laissera pas dépasser. Les premières notes de la voix de tête sont très-faibles, et offrent sous ce rapport un contraste choquant avec les dernières du registre de poitrine, en sorte que, des exercices spéciaux deviennent nécessaires pour effacer cette inégalité.

A cet effet, on fait chanter la 8e, 9e et 10e note (*la* du diapason, *si* et *do*) alternativement avec voix de poitrine et voix de tête en continuant chaque fois jusqu'à l'extrême limite de ce dernier registre. Ces notes acquièrent ainsi plus d'ampleur, et le passage d'un registre à l'autre s'effectue d'une manière insensible. Ce que nous venons de dire sur l'étendue de la voix de poitrine concerne spécialement les garçons, car chez les filles elle ne s'élève que jusqu'au *mi* et *fa* au-dessous du *la* du diapason, et ne forme pas un contraste aussi frappant avec la voix de tête que chez les premiers.

6° La respiration défectueuse nuit beaucoup à la belle exécution.

Des auteurs très-compétents dans la matière conseillent d'aspirer l'air très-lentement dans les poumons, et de le dépenser de même en chantant.

La seconde moitié de cette règle est plus facilement applicable que la première, car dans un mouvement rapide, le temps pour respirer est très-court. Ce qui importe surtout, c'est que : 1° on le fasse sans bruit; 2° aux temps faibles de la mesure; 3° durant les silences; 4° qu'on soit capable de chanter une grande phrase musicale d'une seule haleine.

Il faut respirer naturellement, sans effort, de manière à bien remplir d'air la partie inférieure des poumons, sans soulever la partie supérieure de la poitrine. Pour acquérir la faculté de chanter longtemps d'une seule haleine, faites chanter la gamme d'une seule haleine piano, puis mezzo-forté, puis forté; ensuite avec les différentes nuances indiquées plus bas pour filer les sons.

B. L'INOBSERVATION DES NUANCES INDIQUÉES PAR LE COMPOSITEUR. — EXERCICES.

En suivant les prescriptions ci-dessus, on corrigera la dureté et la rudesse naturelles des voix, les sons deviendront beaux et l'exécution agréable; mais ce n'est pas la seule condition pour la rendre irréprochable. Le contraste du piano et du forté, du crescendo et du decrescendo (augmentation et diminution du son) que les auteurs appliquent toujours à leurs mélodies pour exprimer leurs sentiments, doit être strictement observé. Or, les chanteurs sont d'une paresse et d'une négligence extrêmes pour l'observation de ces nuances; on a la plus grande peine à obtenir d'eux un piano bien doux, un crescendo ou un decrescendo bien ménagé, et, sans les observations fréquemment répétées du maître, ils exécutent les morceaux du commencement à la fin, avec la même force. Il est avantageux, pour les tirer de cette torpeur et de cette inertie, de rendre le larynx souple en l'accoutumant à filer des sons.

Filer un son, c'est l'émettre et le soutenir avec des modifications de piano et de forté.

L'exercice de filer des sons consiste à chanter la gamme en rondes dans un mouvement bien lent :

1° Piano pendant toute la mesure;

2° Mezzo-forté (modérémment fort) pendant toute la mesure;

3° En attaquant forté et en tenant avec la même intensité jusqu'à la fin;

4° En commençant piano en augmentant jusqu'au forté ⸺ (crescendo);

5° En attaquant forté et en diminuant pour arriver au piano vers la fin de la mesure ⸺ (decrescendo);

6° En commençant piano et en enflant jusqu'à la fin du 2ᵉ temps puis revenant au piano à partir du 3ᵉ temps ⸺ ;

7° En attaquant forte et diminuant vers le milieu de la mesure pour terminer forte ⸺.

Les passages du piano au forté, et réciproquement, s'effectuent graduellement et sans soubresaut.

Cette série d'exercices sur une seule note doit ensuite être appliquée à toute l'étendue de la gamme : ainsi on commence piano et l'on augmente graduellement jusqu'à la limite de l'échelle, etc.

Les nuances indiquées ci-dessus s'appliquent dans les **morceaux** soit à une ou plusieurs notes, soit à la mesure entière, soit à plusieurs mesures consécutives.

Le crescendo qui s'étend sur plusieurs mesures commence avec la première note de la première mesure et l'intensité du son augmente insensiblement jusqu'à la dernière note comprise sous le signe ⸺◁⸺. L'écartement des deux côtés de l'ongle indique la progression lente mais soutenue avec laquelle le son doit croître en force, la voix évitera dans la production du forté les inégalités représentées par la figure suivante ⸺◁⸺.

Le crescendo qui ne s'étend qu'à une seule mesure, ou à une seule note, est exécuté dans ces mêmes conditions.

Le decrescendo s'applique aussi à plusieurs mesures consécutives, à une seule mesure ou à une seule note, l'affaiblissement insensible de la force du son est la condition essentielle de la bonne exécution de la nuance indiquée par ce signe.

Le sforzato ʌ ou ➤ qui se met sur une seule note veut dire qu'on doit attaquer fortement et passer immédiatement au piano.

C. L'INCOHÉRENCE DES PARTIES ENTRE ELLES DANS LES CHŒURS. CONSEILS.

De beaux sons, un nuancé bien délicat, l'exactitude dans l'interprétation de la valeur des notes, la bonne prononciation, pour laquelle nous prions de consulter la grammaire, caractérisent la bonne exécution d'un morceau à une voix, chanté à l'unisson par une classe de chant. Pour un morceau à deux ou plusieurs parties, chaque partie doit être étudiée séparément et réunir ces qualités; mais cela ne suffit pas encore.

Les maîtres et directeurs de chœur ont dû remarquer que, très-souvent, quand même les différentes parties ont été bien apprises séparément, l'exécution laisse à désirer, par l'incohérence de ces parties, qui ne forment pas un harmonieux ensemble.

Nous avons dit plus haut, à l'occasion du chant à une partie, que pour en rendre l'audition supportable, il faut que toutes les voix se fondent en un ensemble bien homogène où l'on ne distingue plus telle ou telle voix en particulier. Ce principe s'applique au chant à plusieurs parties : s'il y en a trois, par exemple, ce sont comme trois personnes dont les sons doivent se fondre en un tout bien homogène : l'une n'a pas le droit de primer l'autre, ni les deux d'écraser la troisième. Pour régler l'action de chacun et obtenir une proportion exacte entre les parties, une harmonie irréprochable dans l'accord, *il faut qu'en chantant chacun entende les autres exécutants.*

Il est aussi très-difficile dans un chœur composé d'un grand nombre de personnes, d'obtenir un parfait ensemble quant au rhythme; quelques-uns s'arrêtent un peu plus longtemps sur telle ou telle note et n'attaquent la suivante que lorsqu'ils entendent le voisin leur en donner le ton. Cette lenteur occasionne un tiraillement et une lourdeur très-sensibles. Quand elle se produit, arrêtez le chœur tout court par quelques coups secs frappés sur le pupitre avec la baguette; faites redresser les poses nonchalantes et recommencez le morceau, en marquant d'abord une mesure en blanc, dont les temps, dessinés par des mouvements brefs et saccadés, communiquent de l'élan aux chanteurs.

Pour corriger cette inexactitude, faites accentuer légèrement les temps forts de la mesure.

On appelle temps forts de la mesure, ceux sur lesquels on appuie un peu plus que sur d'autres que l'on dit plus légèrement.

Dans la mesure à deux temps, le premier est fort, le second faible;

Dans la mesure à trois temps, le premier temps est fort, les deux derniers faibles;

Dans la mesure à quatre temps, le premier et le troisième sont forts, le second et le quatrième sont faibles; le troisième reçoit moins d'accent que le premier;

Dans la mesure à six temps, c'est le premier et le quatrième qui sont forts et les quatre autres sont faibles; le quatrième reçoit moins d'accent que le premier;

Dans la mesure à neuf temps, c'est le premier, le quatrième et le septième qui sont forts et les six autres faibles; le premier reçoit plus d'accent que le quatrième et le septième;

Dans la mesure à douze temps, c'est le premier, le quatrième, le septième et le dixième qui sont forts et les huit autres faibles ; le premier et le septième se marquent un peu plus que le quatrième et le dixième.

La syncope, qui lie un temps faible à un temps fort dans une seule émission de voix, déplace les temps forts, mais ne les annule pas ; quelquefois aussi, l'auteur veut que l'on appuie sur un temps faible ; dans ce cas, il l'indique par un *sforzato*.

L'accentuation de ces temps forts, comme nous la voulons, s'effectue légèrement et sans rudesse, elle communique à l'ensemble comme de légères pulsations bien symétriques, auxquelles les exécutants obéissent irrésistiblement, et personne ne demeure en retard. Il convient de ne la pratiquer que lorsque l'exécution du morceau remplit toutes les autres conditions de perfection.

Les recommandations que le maître devra répéter le plus fréquemment sont donc les suivantes :

POSITION DU CORPS.

1º Tenez-vous droit ;
2º Appuyez le bras gauche sur le banc ;
3º Le bras droit libre ;
4º La tête haute ;
5º La poitrine en avant ;
6º Effacez les épaules ;
7º N'appuyez point la poitrine contre le banc ;
8º Prenez un air dégagé et souriant ;
9º Ne froncez pas les sourcils.

TENUE DE LA BOUCHE ET DE LA LANGUE.

10º Ouvrez la bouche ;
11º Ne levez pas la langue ;
12º Ne tirez point les lèvres à droite ou à gauche.

ÉMISSION DES SONS.

13º Chantez, ne criez pas ;
14º Émettez de beaux sons ;
15º Ne chantez pas plus fort qu'il ne faut, de manière à entendre en même temps les autres parties ;

16° Observez les nuances; plus de douceur dans le piano, moins d'âpreté dans le forté;

17° Enflez graduellement pour le crescendo, diminuez insensiblement pour le decrescendo;

18° Appuyez un peu sur les temps forts de la mesure.

Il nous reste à dire quelques mots sur l'ordonnance de ce recueil. Nous avons remplacé les dénominations italiennes qui servent à indiquer le mouvement, par des indications métronomiques.

Le métronome est un pendule dont les oscillations indiquent la vitesse avec laquelle se succèdent les temps d'une mesure pendant une minute; il est formé d'une tige de fer dont le point d'appui est en bas et dont le poids mobile peut glisser à volonté le long de cette tige, raccourcir ou allonger le pendule, et par conséquent hâter ou ralentir les oscillations.

Dans une série de nombres depuis 40 jusqu'à 208, inscrits sur le métronome, l'auteur choisit celui qui correspond au mouvement qu'il accepte pour son morceau, en tête duquel il est marqué de la manière suivante : MM 90 = ♩ ou MM 80 = ● ou bien MM 120 = ♪, etc., etc.

Pour trouver le mouvement, on affleure le poids mobile du métronome avec le chiffre indiqué, le pendule, qui est mû par un mouvement d'horlogerie, étant mis en oscillation, on connaît exactement, par ses battements, la vitesse avec laquelle il faut dire la note en regard.

Dans les instruments perfectionnés, une clochette, gouvernée par un tirage, sonne pour le premier temps de chaque mesure. Mœltzel en est l'inventeur et les deux MM qui précèdent les chiffres au commencement des morceaux, signifient métronome de Mœltzel.

Le métronome est du prix de 18 à 25 fr., il est trop cher pour la plupart des écoles, mais il est possible de le remplacer par un appareil bien simple.

L'on a pris un fil à plomb ordinaire pour expérimenter quelle longueur il faut lui donner, afin que ses oscillations soient exactement égales aux battements du métronome, pour chacun des nombres inscrits sur ce dernier, et l'on a établi le tableau suivant que nous empruntons à l'*Orphéon, Moniteur des Sociétés chorales* du 15 avril 1856 :

Métronome de Mœltzel.	Métronome métrique.
208	0,08
200	0,085
192	0,09
184	0,10
176	0,11
168	0,12
160	0,13
152	0,145
144	0,16
138	0,17
132	0,18
126	0,205
120	0,23
116	0,245
112	0,26
108	0,29
104	0,32
100	0,33
96	0,36
92	0,40
88	0,44
84	0,48
80	0,52
76	0,58
72	0,64
69	0,68
66	0,72
63	0,82
60	0,92
58	0,98
56	1,04
54	1,16
52	1,28
50	1,32
48	1,44
46	1,60
44	1,76
42	1,92
40	2,08

Pour connaître le mouvement du n° 1 du recueil par exemple, prenez un fil à plomb (une ficelle ordinaire avec un petit poids à l'extrémité) le morceau est marqué MM 80 = ♩., cherchez dans la série métronome de Mœltzel, le chiffre 80, en regard se trouve celui de 0^m,52, c'est donc 52 centimètres de longueur que doit avoir votre fil à plomb à partir de votre main jusqu'à son extrémité; faites-le balancer et chaque oscillation vaut une noire pointée qui comprend trois temps dans ce morceau.

Pour trouver le mouvement du n° 2, La lune, marqué MM 140 = ♩, cherchez dans la série, métronome de Mœltzel, le chiffre 104; en regard se trouve cet autre 0^m,32, c'est donc 32 centimètres de longueur qu'il faut donner au fil à plomb dont les oscillations indiquent la durée d'une noire dans ce morceau.

La classification établie dans la première partie du recueil repose sur l'étude des différentes mesures, elle est rhythmique, puisque nous conseillons de prendre pour le commencement tous les morceaux à deux temps, puis ceux à trois, etc.; dans cette seconde partie nous avons gradué les morceaux d'après les difficultés d'intonation. On nous a affirmé que, dans certains départements, où la musique est peu répandue, où toutes les églises ne sont pas, comme en Alsace, pourvues chacune d'un orgue qui forme l'oreille musicale des populations, les élèves avaient beaucoup de peine à trouver l'intonation des signes accidentels, et que chanter un bécarre où il s'était rencontré un dièze peu auparavant, était chose à peu près impossible.

Notre gradation a donc en vue de vaincre cette difficulté. Dans les six premiers morceaux, il ne paraît pas de signe accidentel, le septième en présente un, dans le dixième on rencontre le second, puis ils viennent en plus grand nombre.

Les canons ne sont pas compris dans cet ordre, on les a insérés selon que l'espace l'a permis. Les maîtres trouveront facilement l'ordre le plus favorable pour leur étude comme aussi ils modifieront, selon leur convenance et l'aptitude de leurs élèves, notre gradation qui n'a rien d'absolu.

École normale de Strasbourg, le 1er juin 1859.

P. GROSS.

TABLE

PAR ORDRE DE MATIÈRES.

SUJETS RELIGIEUX.

	Pages.		Pages.
1-2 Prière d'un enfant	36 et 37	5-6 Le cimetière	34 et 35
3 La cloche de la paroisse	30	7-8 Dieu le veut! chant des	
4 La cloche de la prière	60	croisés	42 et 44

SUJETS MORAUX.

9-10 L'amitié	8 et 9	16-17 La ville et le village	16 et 17
11-12 Vivons en paix	14 et 15	18 Mes souhaits	10
13-14 Travail et gaîté	7 et 62	19-20 Départ et retour	52 et 54
15 L'innocence	12	21-22 L'amour du pays	40 et 41

NATURE CHAMPÊTRE.

23 La création animée	13	31 Le jardin de la vie	19
24 Le printemps au village	28	32 Aux bois!	56
25 Le mois de mai	6	33-34 Aux montagnes!	23 et 50
26 Le renouveau	1	35 Chant des oiseaux	5
27 Le soir d'été	4	36 Le renard et le coq	3
28 La lune	2	37 La vache nourricière	48
29-30 La cloche du soir	20 et 21		

OCCUPATIONS RUSTIQUES, CONDITIONS DE LA VIE.

38-39 La fileuse au fuseau	32 et 33	43 La berceuse: enfant, dodo!	11
40 La fileuse au rouet	22	44-45 La fenaison	38 et 39
41 Les petites tricoteuses	18	46-47 La vie du chasseur	24 et 26
42 Les filles laborieuses	29	48-49 Souvenirs d'un exilé	46 et 47

CANONS.

50 Les chronomètres (à 4 parties)	14	56 L'enfance à 4 parties	25
51 Moineau et coucou (à 4 part.)	31	57 La fraicheur de l'ombre (à 3	
52 L'été (à 3 parties)	9	parties)	43
53 Le temps vole (à 4 parties)	15	58 Honneur et vérité (à 4 part.)	53
54 Bénéfice de l'âge	17	59 Privilège de l'enfance à 4 p.	45
55 La rose passe (à 4 parties)	27	60 Le jour à 3 parties	25

TABLE

SUIVANT L'ORDRE ALPHABÉTIQUE.

	Pages		Pages
1 Amis dans la prairie	38	31 Horloge va battant (canon)	14
2 Amis dans la prairie à 3 voix	39	32 Il revient fidèle Mai	6
3 Au couvent la cloche sonne	60	33 Je hais les airs trop empressés	16
4 Aux bois, aux bois	56	34 Je hais les airs trop empressés (à 3 voix)	17
5 Aux montagnes	23	35 Joyeux je m'éveille	7
6 Aux montagnes 2e mélodie	50	36 Joyeux je m'éveille (2e mélod.)	62
7 Avec ma gibecière	24	37 L'aimable innocence	12
8 Avec ma gibecière à 3 voix	26	38 L'alouette au lever du jour	36
9 A vous mes amours	46	39 L'alouette au lever du jour (à 3 voix)	37
10 A vous mes amours à 3 voix	47	40 Le ciel bleu se dore	28
11 C'est la cloche du bon Dieu	30	41 Le mois de mai	1
12 Chaste lune	2	42 Le soir étend son voile	4
13 Cherchez des bois le bienfaisant ombrage (canon)	43	43 Le temps vole (canon)	15
14 Dans la vallée ombreuse	32	44 Levez-vous (canon)	25
15 Dans la vallée ombreuse (à 3 voix)	33	45 Mes bons amis (canon)	45
16 Dans les champs du repos	34	46 N'entends-tu pas	48
17 Dans les champs du repos à 3 voix)	35	47 Oui, soyons gais (canon)	25
18 Des monts de Suisse	40	48 Oui tous les oiseaux	5
19 Des monts de Suisse à 3 voix	41	49 Pour l'honneur et la vérité (canon)	53
20 Dieu le veut	42	50 Quand le cygne	52
21 Dieu le veut à 3 voix	44	51 Quand le cygne (à 3 voix)	54
22 Dors enfant dodo	11	52 Quand l'été (canon)	9
23 Douce amitié	8	53 Que je voudrais être empereur	10
24 Douce amitié à 3 voix	9	54 Quenouille mignonne	22
25 Doucement sous un ciel pur	14	55 Renard tu viens	3
26 Doucement sous un ciel pur à 3 voix	15	56 Sur ces banquettes	18
27 Enfants votre vie	19	57 Tous les jours Jeannette	29
28 En un jour la rose passe (canon)	27	58 Vois comme la nature	13
29 Fleur du printemps (canon)	17	59 Vois déjà la nuit brune	20
30 Hiver qui tout désole (canon)	31	60 Vois déjà la nuit brune à 3 voix)	21

LE RENOUVEAU.

Imité de l'allemand par M. Delcasso.

Mélodie de HILLER.

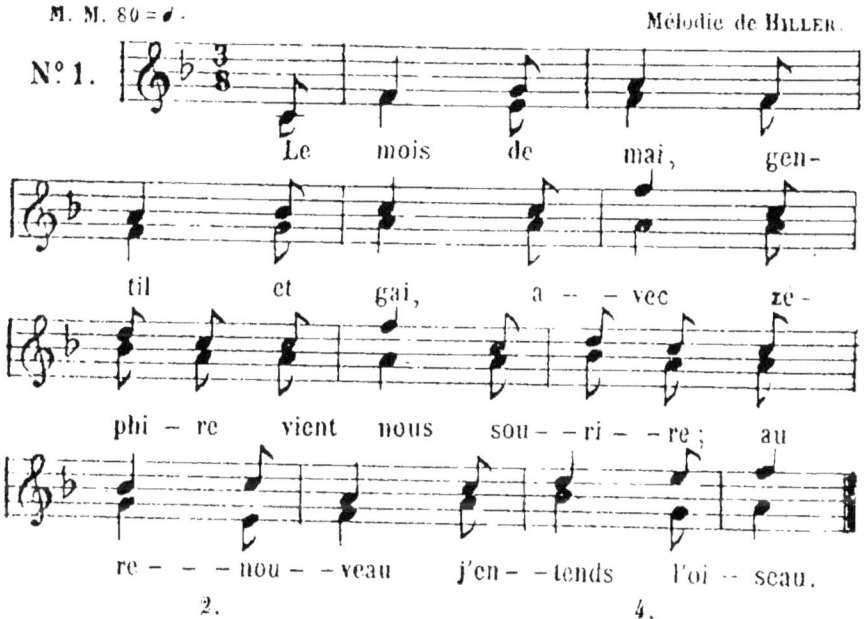

Le mois de mai, gen-til et gai, avec zé-phire vient nous sou-ri-re ; au re-nou-veau j'en-tends l'oi-seau.

2.

Le ciel sourit,
Le pré fleurit,
Le bois frissonne,
Le vent fredonne ;
Au renouveau
J'entends l'oiseau.

3.

Cueillons des fleurs,
Formons des chœurs,
Au bord de l'onde
Dansons la ronde ;
Au renouveau
J'entends l'oiseau.

4.

Mais les beaux jours
Hélas ! sont courts,
Les fleurs pâlissent,
Les prés jaunissent,
L'écho des bois
N'a plus de voix.

5.

Au renouveau
J'entends l'oiseau :
Ruisseaux, feuillages
Ont leurs ramages ;
Enfants joyeux,
Chantons comme eux.

2. LA LUNE.

Imité de l'allemand par M. Delcasso.

Mélodie populaire allemande

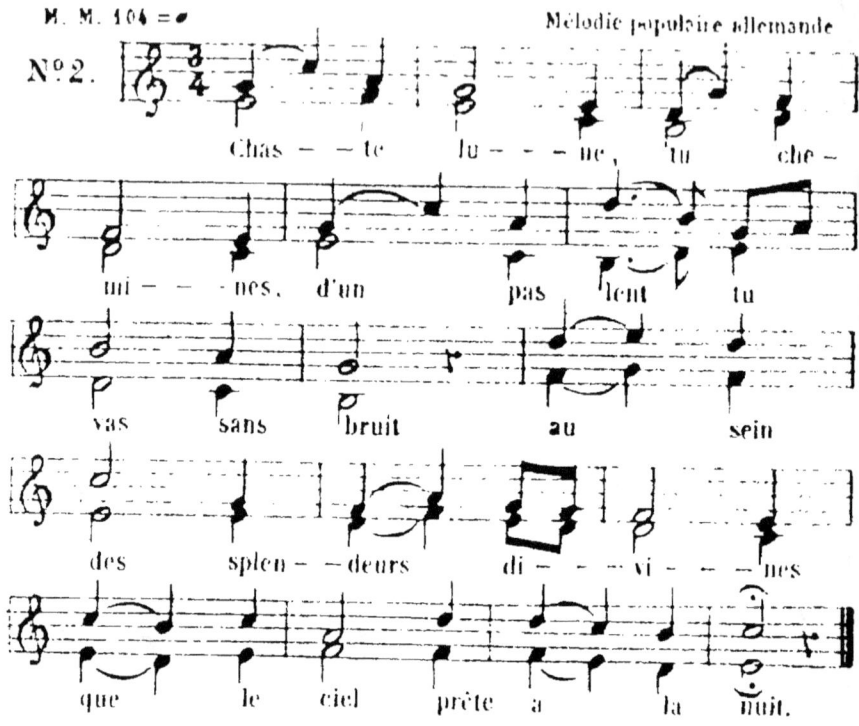

Chas—te lu—ne, tu che—mi—nes, d'un pas lent tu vas sans bruit au sein des splen—deurs di—vi—nes que le ciel prête a la nuit.

2.

Une haleine vive et douce
Qui partout suit ta clarté,
Glisse sur mon toit de mousse
Et sur mon lac argenté.

3.

Dans les bois muets et sombres
Où pénètrent tes reflets,
Courent les petites ombres
Des lutins et des follets.

4.

Déjouant les vains fantômes
Qui lui barrent le chemin,
A travers démons et gnomes
Tu conduis le pèlerin.

5.

Tes rayons sur la bruyère
Tracent le sentier qu'il suit
Pour atteindre la chaumière
Qui l'abritera la nuit.

LE RENARD ET LE COQ.

Imité de l'allemand par M. Delcasso.

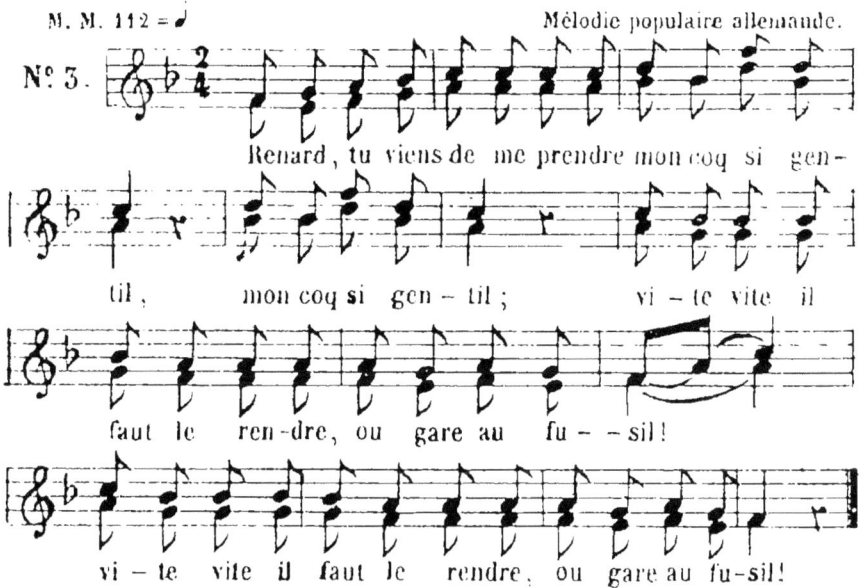

2.

J'aimais sa riche tunique
D'or et de velours ;
C'était le roi pacifique
De nos basses-cours.

3.

J'aimais sa crête flottante,
Son col de satin,
Et cette voix éclatante,
Clairon du matin.

4.

Renard, tu viens de me prendre
Mon coq si gentil ;
Vite, vite il faut le rendre,
Ou gare au fusil !

5.

Vois, mon chien jappe et s'apprête,
Rends vite, ou, si non,
Deux balles vont, dans ta tête,
M'en rendre raison.

4. LE SOIR D'ÉTÉ.

Imité de l'allemand par M. Delcasso

Mélodie de CLAUDIUS.

Le soir é-tend son voi-le sur mon pe-tit val-lon ; et la pre-mière é-toi-le se montre à l'ho-ri-zon.

2.

Le rossignol sous l'ombre
Redit ce tendre chant
Qui prête à la nuit sombre
Un charme plus touchant.

3.

Enfin, dans le bocage
Expirent ses concerts ;
Tout dort sous le feuillage,
Aux champs et dans les airs.

4.

La brise sans haleine
Se tait au fond des bois.
Le flot murmure à peine,
L'écho n'a plus de voix.

5.

Le calme, le silence
Qui règne sous les cieux
A ma reconnaissance
Inspire un chant pieux.

6.

Et je dis : ô nuit pure,
Viens et descends sur nous !
Sommeil de la nature
Que ton spectacle est doux !

CHANT PRINTANIER DES OISEAUX. 5.

Imité de l'allemand par M. Delcasso.

Oui, tous les oiseaux sont là, là, sous les feuillages : comme ils modulent leurs airs, et gazouillent leurs concerts, et confondent dans les airs leurs joyeux ramages.

2.

Quand revient le mois de mai,
　mois des chansonnettes,
Tous volent sous les rameaux,
Dans les prés, au bord des eaux,
Merles, grives, étourneaux,
　Pinsons et fauvettes.

3.

Chœur des chantres printanniers,
　qui siffle et fredonne,
Ses airs vifs et répétés,
Nous disent : Enfants gâtés,
Comme nous, dansez, chantez,
　C'est Dieu qui l'ordonne.

6. LE MOIS DE MAI.

Imité de l'allemand par M. Delcasso.

Il revient fidèle Mai, le joli mois.
Avec l'hirondelle nicher sous nos toits.
La chaleur entr'ouvre les germes divers,
Et le sol se couvre de ses tapis verts.

2.

Viens nous combler d'aise
Reviens, mois joli!
Le torrent s'apaise
Sur le roc poli;
L'onde fugitive
Rit au ciel vermeil,
Et la truite vive
Bondit au soleil.

3.

Le rossignol chante
Dans le bois profond;
A sa voix touchante
Le pinson répond.
La prairie étale
Ses mille couleurs,
Et dans l'air s'exhale
Le parfum des fleurs.

4

Mois des douces fêtes,
Des gais entretiens,
Des plaisirs honnêtes,
Joli mois, reviens!
Au chant des fauvettes,
Aux brises des bois,
Au son des musettes,
Reviens, joli mois!

TRAVAIL ET GAITÉ.

Imité de l'allemand par M. Delcasso

Mélodie de NÆGELI.

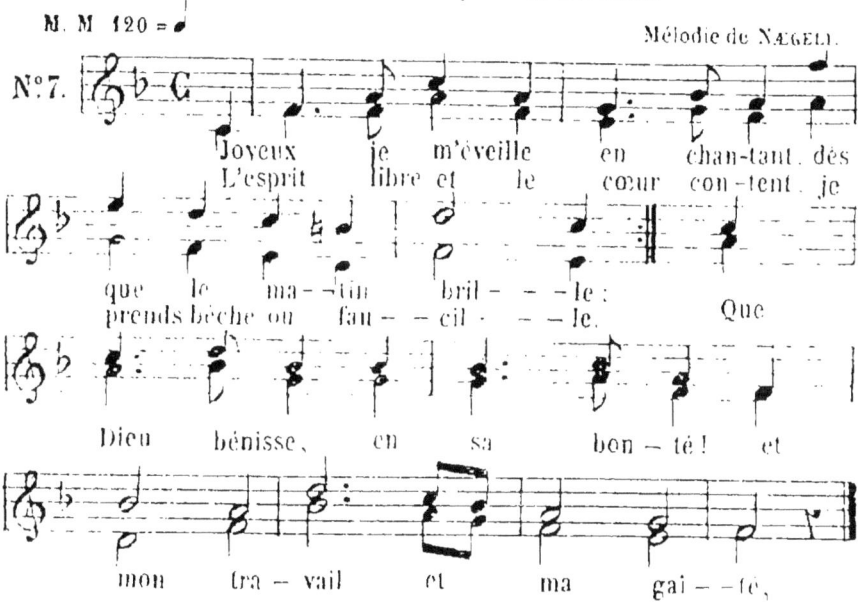

Joyeux je m'éveille en chantant dès que le matin brille ;
L'esprit libre et le cœur content, je prends bêche ou faucille.
Que Dieu bénisse, en sa bonté ! et mon travail et ma gaité,

2.
L'avare, en amassant de l'or,
Amasse bien des peines.
Pourquoi grossir un vain trésor ?
C'est nous forger des chaines.
Mieux vaut garder ma liberté,
Et mon travail et ma gaité !

3.
L'orgueil, en ces pompeux réduits
Où l'ennui le consume.
Se plaint de la longueur des nuits
Sur la soie et la plume.
Mieux vaut garder ma pauvreté
Et mon travail et ma gaité !

4.
Pour l'homme épris des faux honneurs
La nature est sans charmes ;
Le monde est un val de douleurs
Toujours baigné de larmes.
Gardons avec simplicité
L'amour des champs et la gaité

5.
Pour nous, le ciel a ses splendeurs,
Les oiseaux leurs ramages,
La terre, des tapis de fleurs,
Les bois, de frais ombrages.
Là tout porte au cœur enchanté
La douce paix et la gaité.

6.
Pour nous, Dieu dore les épis
Et fait mûrir les treilles ;
Il donne leur lait aux brebis
Et leur miel aux abeilles.
Oui, c'est richesse, en vérité,
Que le travail et la gaité.

8. L'AMITIÉ.

Imité de l'allemand par M. Delcasso.

Mélodie de SPAZIER.

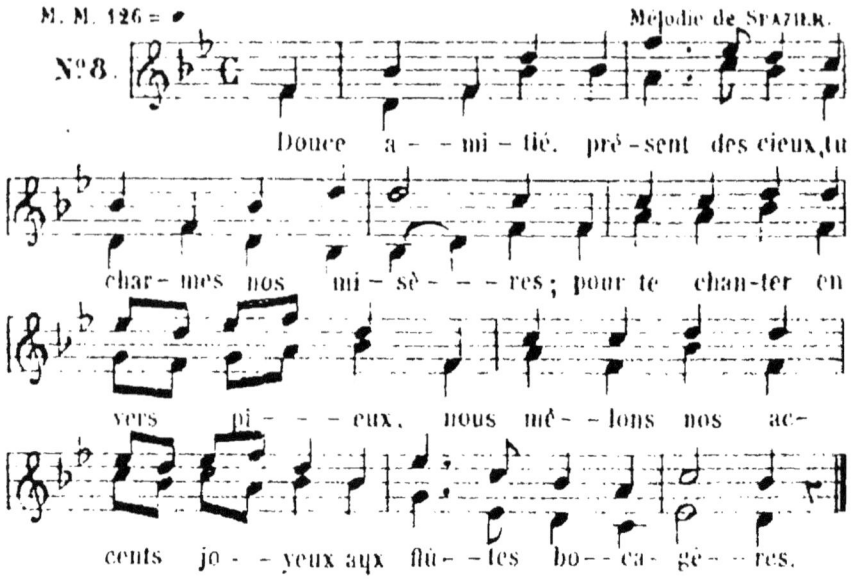

Douce amitié, présent des cieux, tu charmes nos misères; pour te chanter en vers pieux, nous mêlons nos accents joyeux aux flûtes bocagères.

2.

Amis, au luxe des châteaux
Pourquoi porter envie,
Lorsqu'on peut, avec ses égaux,
Entre la joie et les travaux,
Passer gaiment sa vie ?

3.

Bien fou qui se fie aux grandeurs :
On le flatte à la ronde ;
Mais qu'un jour viennent les malheurs,
Adieu fortune, adieu flatteurs,
Il reste seul au monde.

4.

Le pauvre qui donne au prochain
Son cœur et son obole,
Vit sans souci du lendemain,
Dès qu'un ami lui tend la main
Qui soutient et console.

L'AMITIÉ.

Imité de l'allemand par M. Delcasso.

M. M. 126 = ♩ — Mélodie de SPAZIER.

N° 9. Disposé pour trois voix égales

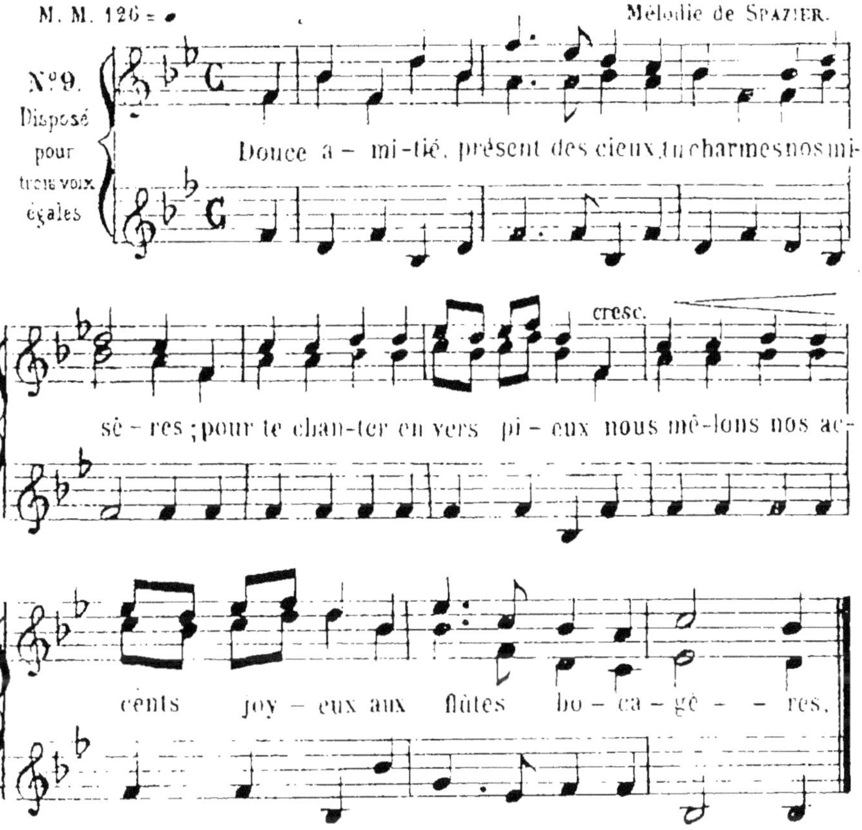

L'ÉTÉ.

CANON A 3 PARTIES.

Imité de l'allemand par M. Delcasso

M. M. 132 = ♩

N° 10

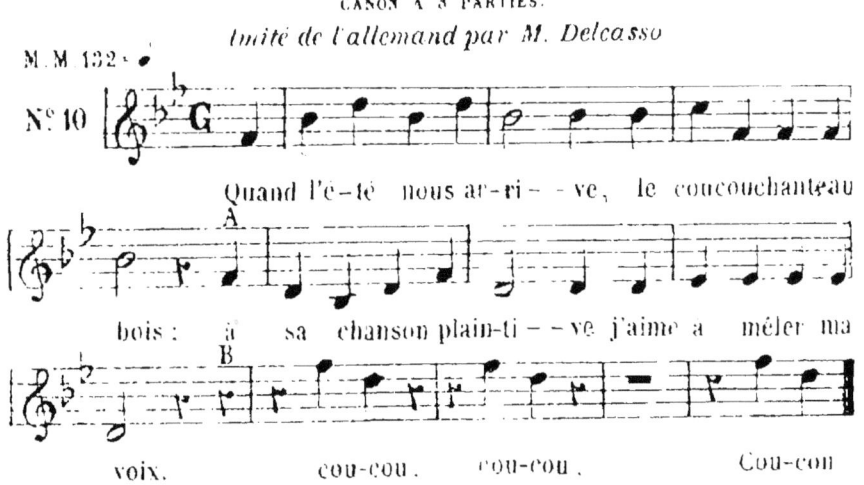

MES SOUHAITS.

Imité de l'allemand par M. Delcasso.

Mélodie de MOZART.

Que je voudrais être empereur, être empereur! J'aurais des blés à pleines granges, de grands tonneaux pour mes vendanges, et de tous les fruits la primeur, que je voudrais être empereur, être empereur!

2.
Que je voudrais être empereur,
Être empereur!
J'aurais chevaux à l'écurie
Et moutons à la bergerie,
Dont je serais le bon pasteur;
Oui, je voudrais être empereur,
Être empereur!

3.
Que je voudrais être empereur,
Être empereur!
J'aimerais qu'en notre village
Le labour et le jardinage
Fussent toujours en grand honneur;
Oui, je voudrais être empereur,
Être empereur!

4.
Que je voudrais être empereur,
Être empereur!
J'ordonnerais qu'en son ménage
Chacun vivant heureux et sage,
Eût le cabaret en horreur;
Oui, je voudrais être empereur,
Être empereur!

5.
Ah! que ne puis-je être empereur,
Être empereur!
Chacun, après un jour de peine,
Aurait chez soi chopine pleine
D'un vin qui réjouit le cœur;
Ah! que ne puis-je être empereur,
Être empereur!

6.
Ah! que ne puis-je être empereur,
Être empereur!
Toujours le pauvre sans ressource
Trouverait au fond de ma bourse
Le patrimoine du malheur;
Ah! que ne puis-je être empereur,
Être empereur!

7.
Oui, je voudrais être empereur,
Être empereur!
Mais quels vains châteaux en Espagne!
Pour le peuple et pour la campagne,
Pour leur bien-être et leur bonheur,
Confions-nous à l'empereur,
À l'empereur!

LA BERCEUSE.

Imité de l'allemand par M. Delcasso.

Mélodie de P. Gross.

2.

Dors, enfant, dodo, dodo!
Déjà sont clos tes yeux;
Viens dans ton lit, tu seras mieux
Couvert de ton petit rideau.
Dors, mon enfant, dodo, dodo!

3.

Dors, enfant, dodo, dodo!
Et moi, d'un cœur content,
Pour toi je vais coudre en chantant
Ce fin tissu, léger cadeau.
Dors, mon enfant, dodo, dodo!

4.

Dors, enfant, dodo, dodo!
A ce charmant refrain,
Dors en ton lit ou sur mon sein,
Mon cher trésor, mon doux fardeau.
Repose en paix, dodo, dodo!

12. L'INNOCENCE, CHANT DES ENFANTS.

Imité de l'allemand par M. Delcasso.

L'ai-mable in-no-cen-ce prend sur ses ge-noux no-tre folle en-fan-ce et joue a-vec nous. Son souffle de grâ-ce sur no-tre front nu im-pri-me la tra-ce d'un charme in-gé-nu.

2.

Le soleil nous garde
Son plus tendre jour,
L'étoile nous darde
Un rayon d'amour,
Le matin nous verse
Son plus doux souris,
Et le soir nous berce
De rêves fleuris.

3.

La colombe heureuse
Roucoule à mi-voix,
La brebis joyeuse
Bondit près des bois,
Plus pure et plus vive
Rit à son destin
La candeur naïve
D'un cœur enfantin

4.

On dit que la vie
Fourmille d'erreurs,
Que l'orgueil, l'envie
Soufflent leurs fureurs.
Puisque tant d'orages
Troublent les vivants,
Soyons assez sages
Pour rester enfants.

LA CRÉATION ANIMÉE.

Imité de l'allemand par L. Delcasso.

Vois comme la nature a repris sa parure, de feuillage et d'épis; quelles pures haleines font germer dans les plaines l'or, les perles et les rubis.

2.
Sous sa plume nouvelle
Jeune oiseau bat de l'aile,
Debout au bord du nid ;
Non loin sa mère tendre
L'invitant à descendre
Vole au champ de blé qui jaunit.

3.
Sur le sable qui brille
Le ruisselet babille
Et fuit à travers champs :
Ami des doux mystères,
Dans les bois solitaires
Le rossignol redit ses chants.

4.
Sur la source argentine
Le saule vert s'incline
Pour mirer ses rameaux ;
Hôtes des bords humides
Mille insectes rapides
Tourbillonnent autour des eaux.

5.
Sur la terre ravie
Tout respire la vie,
Tout frémit de bonheur.
Le bœuf dans les herbages,
L'aigle au sein des nuages
Et le papillon sur la fleur.

14. VIVONS EN PAIX.

Imité de l'allemand par M. Delcasso.

Mélodie de SILCHER.

2.
La fontaine sort en paix
  De sa grotte sombre ;
A ses flots le chêne épais
  Verse en paix son ombre.

3.
Paix aux flots, aux champs, aux cieux,
  C'est la loi suprême ;
Paix sur terre aux cœurs pieux
  Que le Seigneur aime !

LES CHRONOMÈTRES
CANON A 3 PARTIES
Imité de l'allemand par M. Delcasso.

VIVONS EN PAIX.

Imité de l'allemand par M. Delcasso.

Mélodie de SILCHER.

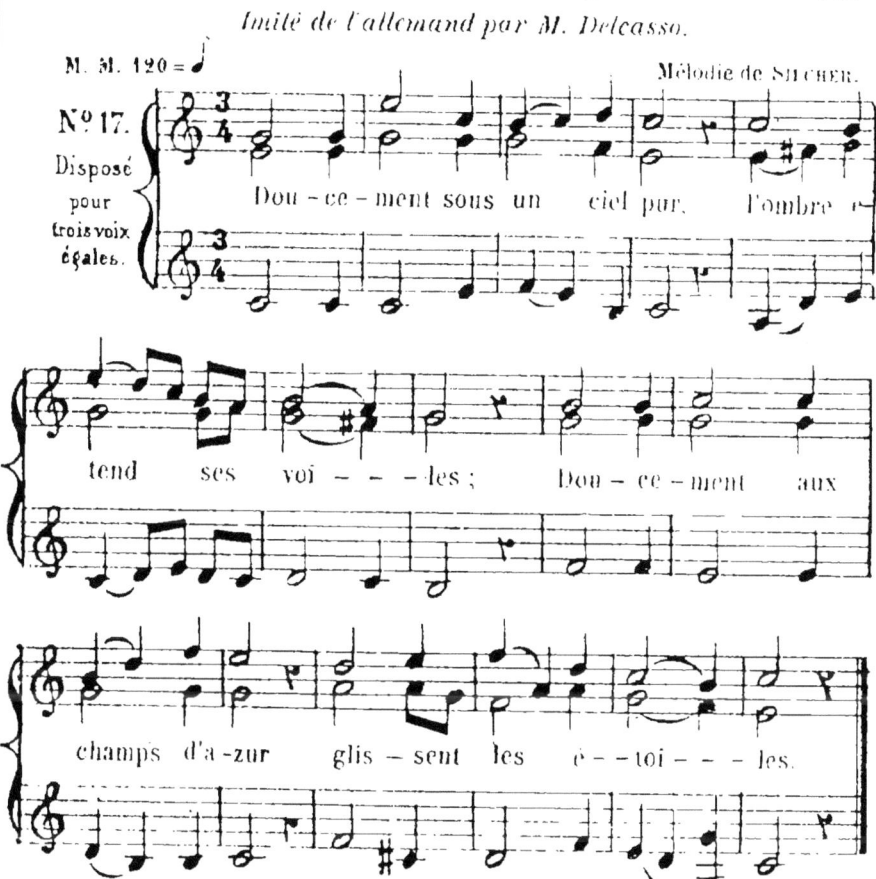

N° 17. Disposé pour trois voix égales. M. M. 120 = ♩

Dou—ce—ment sous un ciel pur, l'ombre tend ses voi—les; Dou—ce—ment aux champs d'a-zur glis—sent les é—toi—les.

LE TEMPS VOLE,

CANON A 4 PARTIES.

Imité de l'allemand par M. Delcasso.

MUHLING.

N° 18.

Le temps vo—le, trou—pe fol—le, tous en chœur chan—tons, dan—sons! trou—pe fol—le, le temps vo—le, vole au bruit de nos chansons!

16. LA VILLE ET LE VILLAGE.

Paroles de M. Décasso.

Mélodie de MORTING.

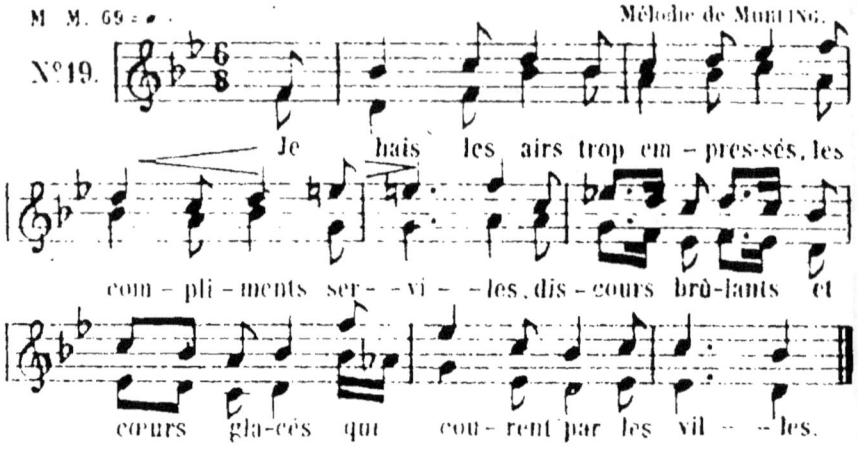

Je hais les airs trop em-pres-sés, les com-pli-ments ser-vi-les, dis-cours brû-lants et cœurs gla-cés qui cou-rent par les vil-les.

2.
Tout fier d'un champ bien cultivé,
Mais simples de langage.
Ayons cœur droit et front levé
Comme on fait au village.

3.
Aux trafiquants aventureux
Laissons leurs gains faciles
Et leurs revers malencontreux
Qui font l'effroi des villes.

4.
Nous dont la terre est le seul bien,
Vivons du labourage;
Gagnons peu, mais ne risquons rien
Comme on fait au village.

5.
Laissons les mets trop faisandés,
Les liqueurs trop subtiles,
Le lait suspect, les vins fraudés,
Aux fins gourmets des villes.

6.
Chez nous que tout soit pur et franc,
Les œufs et le laitage,
Et les chansons et le vin blanc
Qu'on déguste au village.

7.
Fuyons les bals, les grands repas,
Le jeu sombre et fébrile,
Tous ces plaisirs qui n'en sont pas
Si goûtés à la ville.

8.
Amusons-nous plus franchement
Selon le vieil usage,
Rions, dansons, chantons gaiment
Comme on fait au village.

LA VILLE ET LE VILLAGE.

Paroles de M. Delcasso.

M. M. 69 = ♩.

Mélodie de MÜHLING

Nº 20

Disposé pour trois voix égales.

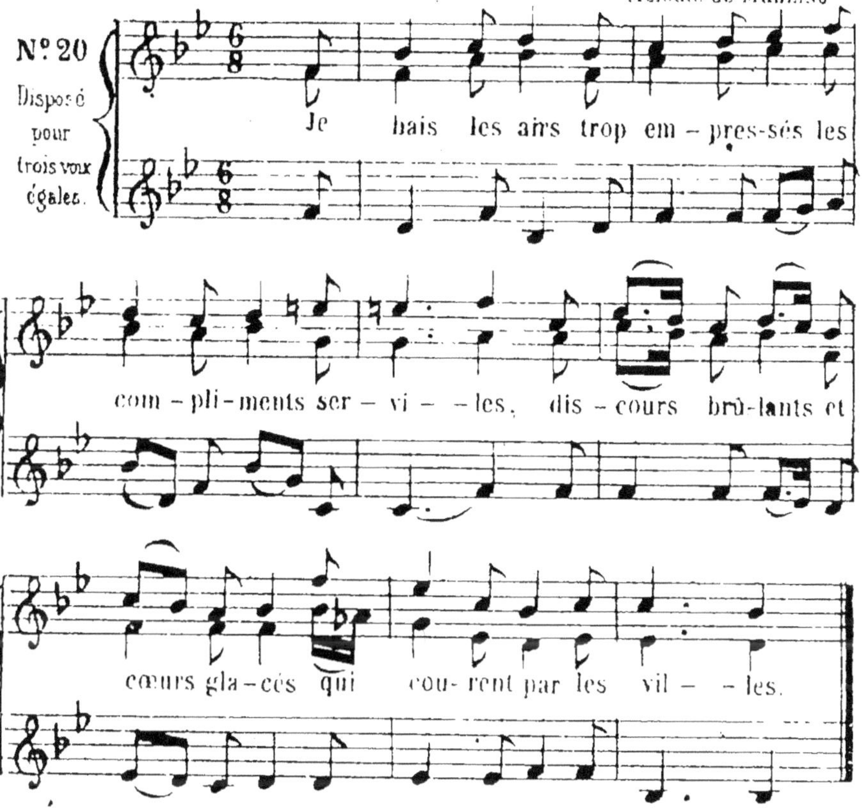

Je hais les airs trop em – pres-sés les
com – pli – ments ser – vi – – les, dis – cours brû-lants et
cœurs gla – cés qui cou- rent par les vil – – les.

BÉNÉFICE DE L'AGE.

CANON A 4 PARTIES

Imité de l'allemand par M. Delcasso

Nº 21.

A
B
C
Fleur du prin-temps vit peu d'instants mais a – vec
l'âge, l'on de – vient sa – ge: sens de bar-bon est tou-jours bon.

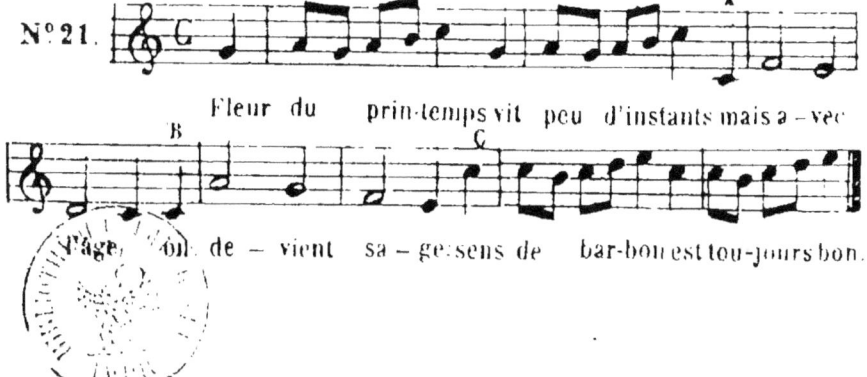

18. LES PETITES TRICOTEUSES.

Imité de l'allemand par M. Delcasso.

Mélodie de GLASNER.

Sur ces banquettes venez, à mes côtés,
venez fillettes, et tricotez.
Tra la la la la la tra la la la la!
venez, fillettes, et tricotez.

2.
Petites filles,
Cessez votre babil ;
Sur vos aiguilles
Roulez le fil,
Tra, la la la la la,
Sur vos aiguilles
Roulez le fil.

3.
Ça, qu'on travaille
Sans relâche, avec soin,
Et que la maille
N'échappe point.
Tra, la la la la la,
Et que la maille
N'échappe point.

4.
Par intervalles
Rangez, en vos tricots,
Mailles égales,
Tours inégaux.
Tra, la la la la la,
Mailles égales,
Tours inégaux.

5.
Qu'on élargisse
Vers le milieu du bas,
Et rétrécisse
Un peu plus bas,
Tra, la la la la la,
Et rétrécisse
Un peu plus bas.

6.
Pressez, mes chères,
Ces fins et chauds tissus ;
C'est pour vos frères
Qui sont pieds nus,
Tra, la la la la la,
C'est pour vos frères
Qui sont pieds nus.

7.
Enfants, courage !
Avec plaisir je vois
Sur votre ouvrage
Courir vos doigts,
Tra, la la la la la,
Sur votre ouvrage
Courir vos doigts.

LE JARDIN DE LA VIE.

Imité de l'allemand par M. Delcasso.

Mélodie populaire allemande.

En-fants, vo-tre vi-e est un beau jar-din : oui, tout fruc-ti-fi-e en ce doux E-den, la fleur rose ou blanche, qui luit dans les prés, et l'ar-bre qui penche sous ses fruits do-rés.

2.
La terre en ses veines
Boit l'air attiédi,
Les eaux des fontaines,
Les feux du midi ;
La sève qui coule
Par mille conduits
Des germes en foule
Fait naître les fruits.

3.
La brise volage
Caresse l'enclos,
Rit sous le feuillage,
Frémit sous les flots ;
Son aile badine
Effleure en passant
La rouge églantine,
Le lis pâlissant.

4.
Dieu qui de la vie
Orna le pourpris,
Mortel, te convie
A ses doux abris.
Pour que tu respires
Sous l'ombrage épais
Les fleurs, les zephirs,
Les eaux et la paix.

LA CLOCHE DU SOIR.

Imité de l'allemand par M. Delcasso.

Mélodie populaire allemande

Vois, dé-jà vient la nuit bru-ne, tout le ciel se peint en noir; au bef-froi de la com-mu-ne son-ne la clo-che du soir. Chère clochette, qui son-nes si doux, sonne, sonne et nous ré-pe-te: mes a-mis, ren-trez chez vous.

2.
Vois rentrer du pâturage
Les petits agneaux bêlants,
Vois revenir de l'ouvrage
Les bûcherons à pas lents;
    Chère clochette
    Qui sonnes si doux
Sonne, sonne, et nous répète;
Mes amis, rentrez chez vous.

3.
Tout se tait sous le feuillage;
Sur la plaine et dans les cieux,
Chaume sacré du village,
A toi je reviens joyeux.
    Chère clochette,
    Qui sonnes si doux,
Sonne, sonne, et nous répète
Mes amis, rentrez chez vous.

LA CLOCHE DU SOIR.

Imité de l'allemand par M. Delcasso.

22. LA FILEUSE AU ROUET.

Imité de l'allemand par M. Delcasso.

Quenouille mignonne charge-toi du lin, du beau lin que donne mon petit jardin. Pour que ma main file ce soyeux duvet, va, tourne docile, mon joli rouet.

2.
Quand ta roue active
Tourne à petit bruit,
Ma chanson naïve
Doucement la suit,
Le fil blond qui coule,
Coule entre mes doigts,
Se tord et s'enroule,
Aux sons de ma voix.

3.
Au pied qui te presse
Obéis toujours,
Oui, tourne sans cesse
Rouet, mes amours.
Va, cours, ma bobine,
Je veux de ce lin
Avoir robe fine
Et tablier fin.

4.
Joyeuse à la tâche,
Ardente au devoir,
Filons sans relâche
Du matin au soir;
Frère et sœur demandent
Ce lin souple et doux;
Père et mère attendent,
Filons, hâtons-nous.

5.
A ta cordelette
Qui ronfle en marchant,
Rêveuse et seulette
J'accorde mon chant,
Et dis en moi-même :
« Le cœur est content
« Quand pour ceux qu'on aime
« On file en chantant. »

AUX MONTAGNES!

Imité de l'allemand par M. Delcasso.

Mélodie populaire suisse.

Aux mon-ta-gnes, aux mon-ta-gnes, mon œil plonge aux cieux ou-verts, je do—mi—ne les cam-pa-gnes, je suis roi de l'u-ni-vers. Lorsqu'en bas la nuit en-co—re lutte a-vec la pâle au-ro—re le so-leil de ses splen-deurs il-lu-mi-ne les hau-teurs.

2.

Vois, ami, ces blanches crêtes
Que revêt un jour si pur :
Là-haut, l'aigle sur nos têtes
Plane dans les champs d'azur :
D'une plus puissante haleine
J'y sens ma poitrine pleine,
Là j'aspire en liberté
Et la force et la gaîté.

3.

Sur ces monts, au front sublime,
Viens, ami, courons, volons :
L'homme est géant à leur cime,
Il est nain dans les vallons.
Vois en bas que tout est grêle,
La tour semble une tourelle,
Le grand fleuve est un ruisseau
Et le chêne un arbrisseau.

4.

Vivre au creux de ses campagnes
C'est ne vivre qu'à moitié.
Si la joie est aux montagnes
La tristesse est à leur pied
Ah ! laissons au fond des plaines
Et leurs brumes et leurs peines
Sur les pics audacieux
L'homme est plus voisin des cieux

24. VIE DU CHASSEUR.

Imité de l'allemand par M. Delcasso.

2.

Je chasse et je pourchasse
La grive et la bécasse,
Le lièvre et le chevreuil ; *(bis)*
Ma charge est sûre et forte ;
Toujours ma balle porte,
Car j'ai bon pied, bon œil. *(bis)*
Halli, hallo, halli, hallo,
Oui, j'ai bon pied, bon œil.

3.

Pour ma journée entière
J'ai mon flacon de bière,
Du lard et du pain noir. (bis)
Mon chien, le ventre vide,
D'un élan plus rapide,
Me suivra jusqu'au soir. (bis)
Halli, hallo, halli, hallo,
Me suivra jusqu'au soir.

4.

Ainsi gaîment j'assiège
Sous la pluie ou la neige,
Renard ou sanglier ; (bis)
Et quand je cours ou frappe
Le temps vole et s'échappe
Sur les pas du gibier ; (bis)
Halli, hallo, halli, hallo,
Sur les pas du gibier.

LE JOUR,
CANON A 3 PARTIES
Imité de l'allemand par M. Delcasso

N° 29.

Le-vez-vous ! le-vez-vous, dé-jà luit le jour ; il marche en dé- - -cri-vant son tour, vo-yez ; vo-yez, il nous sou-rit a-vec a-mour.

L'ENFANCE.
CANON A 4 PARTIES.
Imité de l'allemand par M. Delcasso.

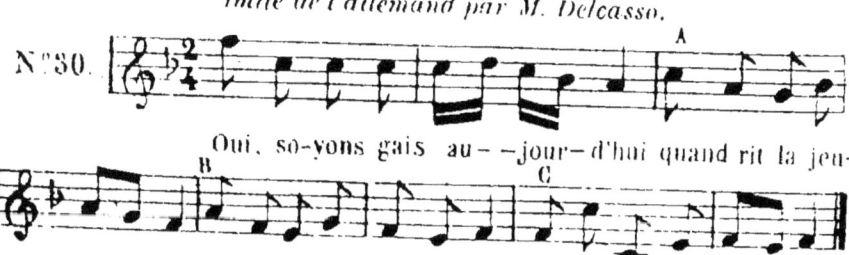

N° 30.

Oui, so-yons gais au- -jour-d'hui quand rit la jeu-nes - se, as-sez tôt vien-dra l'en-nui a-vec la vieil-les - se.

li, hal-lo, hal-li, hal-lo, je suis un franc chas-seur.

2.
Je chasse et je pourchasse
La grive et la bécasse,
Le lièvre et le chevreuil ; *(bis)*
Ma charge est sûre et forte ;
Toujours ma balle porte,
Car j'ai bon pied, bon œil. *(bis)*
Halli, hallo, halli, hallo,
Oui, j'ai bon pied, bon œil.

3.
Pour ma journée entière
J'ai mon flacon de bière,
Du lard et du pain noir. *(bis)*
Mon chien, le ventre vide,
D'un élan plus rapide,
Me suivra jusqu'au soir. *(bis)*
Halli, hallo, halli, hallo,
Me suivra jusqu'au soir.

4.
Ainsi gaiment j'assiége,
Sous la pluie ou la neige,
Renard ou sanglier ; *(bis)*
Et quand je cours ou frappe
Le temps vole et s'échappe
Sur les pas du gibier : *(bis)*
Halli, hallo, halli, hallo,
Sur les pas du gibier.

LA ROSE PASSE.

CANON A 4 PARTIES.

Imité de l'allemand par M. Delcosso.

HAPPICH.

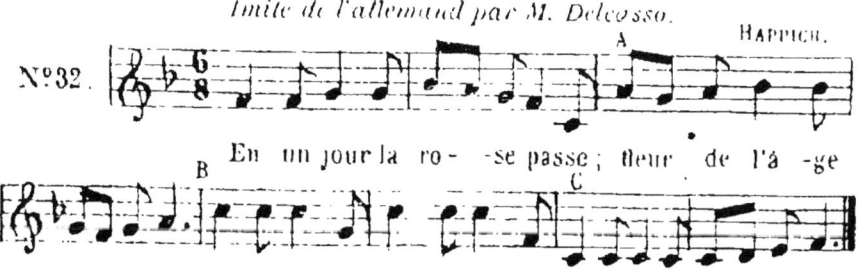

En un jour la ro-se passe; fleur de l'â-ge
se flé-trit; ce qui luit bien tôt s'ef-fa-ce ; a-mi-tié tou-jours fleu-rit.

28. LE PRINTEMPS AU VILLAGE.

Imité de l'allemand par M. Delcasso.

Mélodie de A. ANDRÉ.

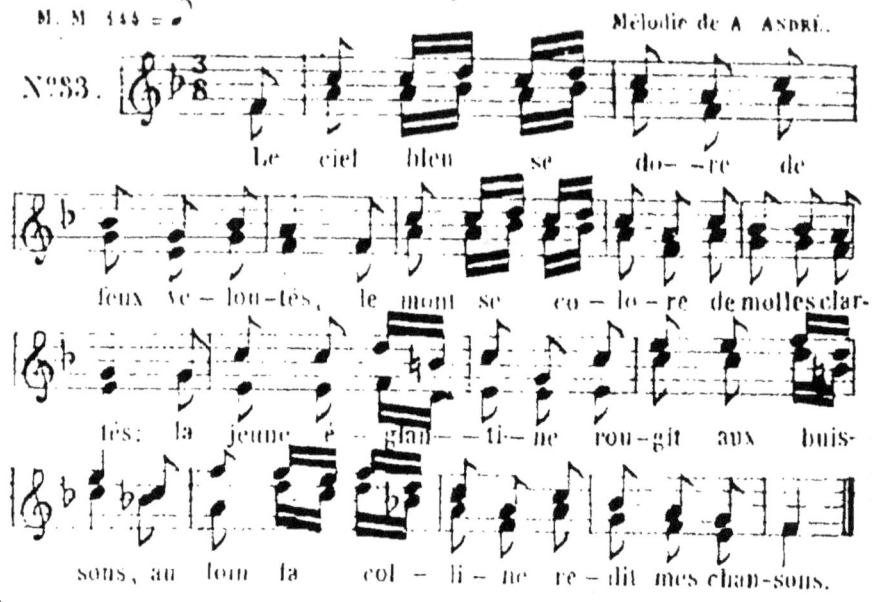

Le ciel bleu se do-re de feux ve-lou-tés, le mont se co-lo-re de molles clar-tés: la jeune é-glan-ti-ne rou-git aux buis-sons, au loin la col-li-ne re-dit mes chan-sons.

2.

Quand tout nous appelle
Dans les champs aimés,
Verdure nouvelle,
Zéphyrs embaumés,
Pourquoi, camarades,
Entre vos remparts,
Des villes maussades
Humer les brouillards?

3.

Jouissons en sages
Des champs et des prés,
Des bois, des ombrages
Et des cieux dorés.
Car tout passe et tombe
Et l'homme et la fleur.
Tout marche à la tombe,
Monarque et pasteur.

4.

Dieu frappe de foudre
Et chêne et roseau,
Il réduit en poudre
Chaumière et château.
Mais au cœur modeste
Il donne à jamais
Dans sa cour céleste
L'immuable paix.

LES FILLES LABORIEUSES.

Imité de l'allemand par M. Delcasso.

Mélodie de GLASSNER

Tous les jours Jeannette, seule en sa chambrette, l'aiguille à la main, l'aiguille à la main, travaille joyeuse, puis s'endort heureuse jusqu'au lendemain, jusqu'au lendemain.

2.

Tout le jour Charlotte
Tricote, tricote,
Sans lever les yeux ; (*bis*)
En cercles mobiles
Ses mailles agiles
Enlacent leurs nœuds. (*bis*)

3.

Tout le jour Elise
Au rouet assise,
Se tient à filer ; (*bis*)
Et sur la bobine
Le fil qui chemine
Aime à s'enrouler. (*bis*)

4.

Quand fillette sage
Reste à son ouvrage
Du matin au soir. (*bis*)
Dieu met en son âme
La *foi* qui l'enflamme,
L'amour et l'espoir. (*bis*)

30. LA CLOCHE DE LA PAROISSE.

Imité de l'allemand par M. Delcasso.

Mélodie de SILCHER.

2.

A tes sons pleins de douceur,
L'espérance rentre au cœur.
Tu dis à celui qui pleure :
Viens, viens !... viens, Dieu t'ouvre
        sa demeure ;
Du salut je sonne l'heure,
Viens, Dieu t'ouvre sa demeure !
Ioi-bas, pauvre exilé,
Viens, tu seras consolé,
Viens, tu seras consolé !

3.

A l'orphelin gémissant
Tu dis en te balançant :
Toi que le monde abandonne,
Viens, viens !... viens à la cloche
        qui sonne,
Viens à la cloche qui sonne,
Sous l'abri que Dieu te donne,
Contre le froid et la faim
L'église t'offre son pain
Et te réchauffe en son sein.

4.
Si le pèlerin le soir
S'égare et cherche un manoir,
De loin ta voix le rappelle,
Viens, viens!... viens, ami de Dieu, dit-elle,
Viens, ami de Dieu, dit-elle,
Viens dormir en sa chapelle :
C'est le refuge assuré
Du voyageur égaré,
C'est le refuge assuré

5.
Sonne pour les nouveau-nés,
Pour les époux fortunés !
Pour que la moisson se dore,
Va, viens!... va, viens, sonne et sonne encore,
Pour que le fruit se colore,
Va, viens, sonne et sonne encore !
Et qu'à tes accents pieux
La prière monte aux cieux,
La prière monte aux cieux !

6.
Sonne pour le couvre-feu
Et pour le suprême adieu !
Dis à l'âme qui s'envole :
Va, pars!... vole à celui qui console !
Dis à l'âme qui s'envole :
Vole à celui qui console !
Sonne l'adieu solennel
Pour l'ami qui monte au ciel,
Pour l'ami qui monte au ciel.

MOINEAU ET COUCOU,

CANON A 4 PARTIES.

Imité de l'allemand par M. Delcasso.

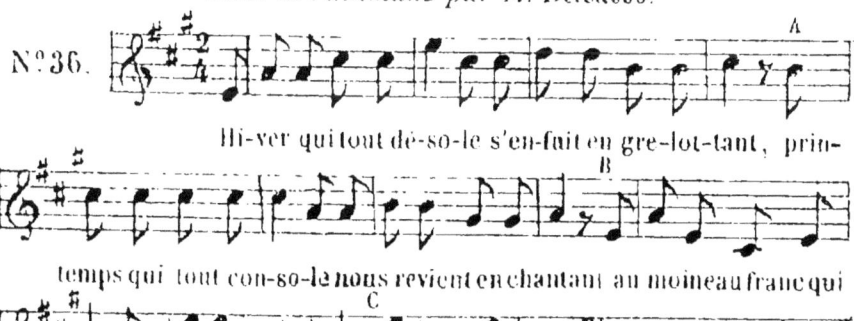

N° 36.

Hi-ver qui tout dé-so-le s'en-fuit en gre-lot-tant, prin-temps qui tout con-so-le nous revient en chantant au moineau franc qui vo-le en répétant piou piou coucou coucou répond gaîment coucou.

LA FILEUSE AU FUSEAU.

Paroles de M. Delcasso.
Mélodie de P. Gross.

Dans la vallée ombreuse j'aime à voir la fileuse seule au bord du ruisseau, seule au bord du ruisseau. Tirant de sa quenouille le chanvre qu'elle mouille en tournant son fuseau, en tournant son fuseau.

2.
J'aime à la voir alerte
Sur la pelouse verte
Suivre le cours de l'eau,
Sans quitter le fil grêle
Qu'elle étire et demêle
En tournant son fuseau.

3.
Tandis que la fillette
Rit avec la fleurette,
Et chante avec l'oiseau,
Son doigt toujours agile
Façonne et file, file,
En tournant son fuseau.

4.
Sans trêve et sans relâche,
L'enfant poursuit sa tâche
En rentrant au hameau.
C'est que son cœur espère
Un baiser de sa mère
En tournant son fuseau.

34. LE CIMETIÈRE.

Imité de l'allemand par M. Delcasso.

N°39. M. M. 60 = ♩ Mélodie de N^{lle} LE

Dans les champs du repos qu'ils dorment doucement, Tous ces élus couchés sous de pieux ombrages! À leurs restes chéris, Dieu verse doucement et le parfum des fleurs Et le frais des bocages.

2.

Ici s'éteint la joie et se tait la douleur.
Sous la tombe muette ils dorment en silence.
En attendant l'appel de l'ange du Seigneur,
Sur leurs froids monuments le cyprès se balance.

3.

Dans cet asile saint mon vieux père est couché ;
J'aime à fouler le sol qui recouvre sa cendre.
Et je dis en mon cœur, humble et le front penché :
En ces lieux, à mon tour, je dois bientôt descendre.

4.

Alors, si quelque ami vient ici, vers le soir,
Près du tertre béni s'il s'agenouille et pleure,
En pensant à celui qu'un jour il doit revoir,
Mon âme l'entendra du fond de sa demeure.

56. PRIÈRE DU MATIN D'UN ENFANT.

Imité de l'allemand par M. Delcasso.

Mélodie de Cl. JEANMORGIN.

2.
Accepte, ô Père tout-puissant,
Les vœux d'un cœur reconnaissant,
Toi qui m'ouvris l'aspect du ciel
Et m'as nourri de ton doux miel !

3.
Ah ! que ne puis-je déposer
Sur tes pieds un pieux baiser !
Pourquoi faut-il que ta grandeur
Se dérobe à ma vive ardeur ?

4.
Mais ces baisers brûlants de foi,
Ma mère les prendra pour toi,
Et tout ce qu'elle en recevra
Vers toi, Seigneur, s'envolera.

Rhythme pour les 3 derniers couplets.

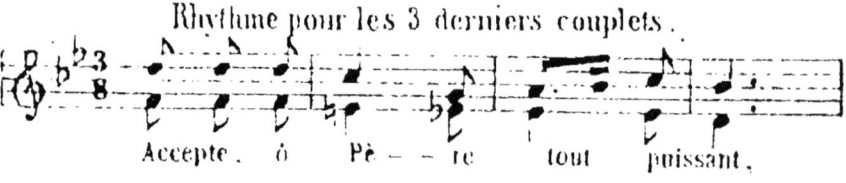

PRIÈRE DU MATIN D'UN ENFANT.

Imité de l'allemand par M. Delcasso.

Mélodie de Cl. JEANMOUGIN.

N° 42
Disposé pour trois voix égales

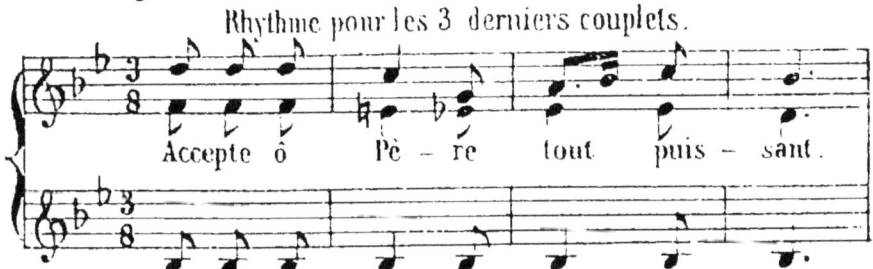

L'a-lou-ette au le-ver du jour A--dresse à Dieu son chant d'a-mour, Qu'ain-si nos hym---nes en-fan-tins Mon-tent vers lui tous les ma-tins.

Rhythme pour les 3 derniers couplets.

Accepte ô Pè-re tout puis-sant.

58. LA FENAISON.

Paroles de M. Delcasso.

Mélodie de P. Gross.

Amis, dans la prairie
L'herbe est grande et fleurie.
Il faut couper le foin,
Il faut couper le foin
Que chacun sur ma trace
Vienne et fauche avec grâce,
Vienne et fauche avec soin.
Vienne et fauche avec soin.

2.

Tandis que l'alouette,
Qui dormait sous l'herbette,
S'échappe et prend son vol, (*bis*)
Tirant de droite à gauche,
Allons, que chacun fauche,
Fauche tout ras du sol. (*bis*)

3.

Bientôt leste et rieuse
Arrive la faneuse
Traînant son long râteau, (*bis*)
Qui tourne la fauchée,
Et lorsqu'elle est séchée,
La ramasse en monceau. (*bis*)

4.

Mais quoi ? pour le fourrage
Je crains l'humide orage
Qui se forme au ciel noir : (*bis*)
Qu'on s'empresse et qu'on charge
Notre char long et large,
Qu'on charge avant le soir. (*bis*)

5.

En montagne mobile
L'herbe croît et s'empile
Quand là-bas luit l'éclair ; (*bis*)
Du haut de la voiture
La verte chevelure
Flotte et parfume l'air. (*bis*)

6.

Sur ce trône champêtre,
Guillaume, notre maître,
Siège le sceptre en main, (*bis*)
Et revient au village
Fier de son équipage
Comme un consul romain. (*bis*)

LA FENAISON.

Paroles de M. Delcasso.
Mélodie de P. Gross.

40. L'AMOUR DU PAYS.
CHANT SUISSE.
Imité de l'allemand par M. Delcasso.

Des monts de Suisse enfant rêveur, Ton œil roule une larme : Est-ce plaisir, est-ce douleur Qui te flatte ou t'alarme ? Quel feu secret brûle en ton cœur ? Quel saint amour te charme ? Beau montagnard, dis-nous pourquoi Ton sein frémit d'un doux émoi.

2.
Au bord des lacs, le long des bois
  Et des cimes hautaines,
Quand sur la trace du chamois
  Tu cours les monts, les plaines,
Si la cloche a jeté sa voix
  Aux campagnes lointaines,
Hardi chasseur, dis-nous pourquoi
Ton sein frémit d'un doux émoi.

3.
Sur les glaciers étincelants
  Quand le soleil rayonne,
Parmi les rocs aux larges flancs
  Quand le torrent bouillonne,
Auprès de tes troupeaux bêlants
  Si ton hautbois résonne,
Joli pasteur, dis-nous pourquoi
Ton sein frémit d'un doux émoi.

4.
C'est que les monts et les chalets
  Les eaux et la prairie,
La maisonnette où tu te plais
  Avec sa bergerie,
C'est ton royaume et ton palais,
  C'est ta pauvre patrie :
Beau montagnard, voilà pourquoi
Ton sein frémit d'un doux émoi.

DIEU LE VEUT
CHANT DES CROISÉS.
Paroles de M. Delcasso.

Mélodie de H. G. Nägeli.

Dieu le veut! Dieu le veut! France, ar- - -me-toi! Dieu le veut! Dieu le veut! France, ar-me-toi! Pour l'hon-neur et pour la foi! Le Saint-Père ap-pel-le Sous l'é-ten-dard de la croix Et les peu-ples et les rois! Guer-re guerre, guerre à l'in- -fi- -dè- -le! Dieu le veut! pour la foi, Dieu le veut! pour la foi, France, ar- -me- -toi. France, ar- -me- -toi.

2.
Écoutez! c'est le cri de l'Orient,
Écoutez! c'est le cri de l'Orient,
Qui s'élève en suppliant!
La Judée en larmes
Voit ses temples saccagés,
Ses pontifes égorgés; [armes!
France, France, France, vole aux
Dieu le veut, pour la foi. *(bis)*
France, arme-toi! *(bis)*

3.
A cheval, paladins, ducs et barons!
Accourez! et formez vos escadrons!
A cheval, ducs et barons!
Le dieu des batailles
Vous a mis le fer en main
Pour porter jusqu'au Jourdain
Guerre, guerre, guerre et
funérailles.
Dieu le veut, pour la foi. *(bis)*
France, arme-toi! *(bis)*

4.
Ils s'en vont, ils s'en vont de là les mers.
Par les monts, les forêts et les déserts.
Ils s'en vont de là les mers
La voix d'un saint homme
Les dirige, les soutient
Et leur dit : Peuple chrétien.
Marche, marche, marche au nom de Rome !
Dieu le veut, pour la foi, (*bis*)
France, arme-toi ! (*bis*)

5.
Gloire à Dieu, sur Sion son glaive a lui ;
A l'aspect de la croix les Turcs ont fui ;
Gloire à Dieu, les Turcs ont fui !
Les croisés de France
Plantent leur pieux drapeau
Au calvaire, au saint tombeau.
Gloire, gloire, gloire et délivrance !
La victoire et la foi
Ont sacré Godefroi.
Dieu l'a fait roi. (*bis*)

LA FRAICHEUR DE L'OMBRE.

CANON A 3 PARTIES.
Imité de l'allemand par M. Delcasso.

C. GLÆSER.

Cherchez des bois le bien-fai-sant om-bra-ge,
I-ci pen-dant les feux brûlants du jour.
Cherchez des bois le bien-fai-sant om-bra-ge,
I-ci pendant les feux brûlants du jour.
Cherchez des bois le bien-fai-sant om-bra-ge,
I-ci pen-dant les feux brûlants du jour.

45.

guerre à l'in fi - dè - - le ! Dieu le veut ! pour la foi, Dieu le veut ! pour la foi, France, ar - - me - toi, France, ar - - me - - - toi.

PRIVILÉGE DE L'ENFANCE.

CANON A 4 PARTIES.

Imité de l'allemand par M. Delcasso.

N° 50.

Mes bons a - mis, est - il sous les cieux Rien qui soit pur comme un en - fant jo - yeux. Au pa - ra - dis lorsque l'on veut al - ler, Il faut aux en - fants res - sem - - bler.

SOUVENIRS.

Imité de l'allemand par M. Delcasso

Mélodie de BRONNER.

        2.

Soyez mes amours
    Toujours!
Fraîcheur des ombrages,
Soupirs des feuillages,
Concerts des oiseaux,
Murmures des eaux,
Plaisirs de mon jeune âge,
Souvenirs du village,
  Soyez mes amours (*bis*)
    Toujours!

        3

A toi mes amours
    Toujours!
Chapelle bien blanche
Où chaque dimanche
Le prêtre à genoux
Priait Dieu pour nous.
Aujourd'hui quand je prie
Si loin de ma patrie,
  A toi mes amours (*bis*)
    Toujours!

2.

Tu la connais, elle est obéissante,
Elle revient à ton premier signal ;
Mais crains pourtant la berge si glissante
Qui se prolonge aux deux bords du canal
Crains plus encor l'écluse qui bouillonne
Où l'an dernier notre jument périt.
Ah ! garde bien la vache blanche et bonne
    Qui te lèche et qui te nourrit !

3.

Ce lait si pur, cette crème si blanche,
Ce doux fromage entre des joncs serré,
Ce beurre exquis que tu vas, le dimanche,
Porter en ville à Monsieur le curé,
Tous ces trésors, c'est elle qui les donne
D'un sein fécond qui jamais ne tarit.
Ah ! garde bien la vache blanche et bonne
    Qui te lèche et qui te nourrit.

4.

Dans ton panier tu trouveras, ma fille,
Pour abreger les longs ennuis du jour,
Le fin mouchoir que brode ton aiguille
Et le saint livre, objet de ton amour ;
Quelques fruits mûrs gardés depuis l'automne
Et le gâteau que ta mère pétrit.
Mais garde bien la vache blanche et bonne
    Qui te lèche et qui te nourrit !

5.

Et toi, Médor, l'ami de la famille,
De mon enfant tu vas suivre les pas.
Tu m'en réponds : un chien de jeune fille
Ne dort jamais et ne s'écarte pas.
Près du sentier qui mène à ma chaumière,
Souvent le loup va rôdant vers le soir :
Garde, Médor, ma vache nourricière,
    Et l'enfant, mon plus cher espoir.

50. AUX MONTAGNES!

Imité de l'allemand par M. Delcasso.

Mélodie populaire suisse

la la la la la la la la la
la la la la la la la

2.

Vois, ami, ces blanches crêtes
Que revêt un jour si pur ;
Là-haut, l'aigle sur nos têtes
Plane dans les champs d'azur ;
D'une plus puissante haleine
J'y sens ma poitrine pleine,
Là j'aspire en liberté
Et la force et la gaité.

3.

Sur ces monts, au front sublime,
Viens, ami, courons volons :
L'homme est géant à leur cime,
Il est nain dans les vallons.
Vois en bas que tout est grêle,
La tour semble une tourelle,
Le grand fleuve est un ruisseau
Et le chêne un arbrisseau.

4.

Vivre au creux de ces campagnes
C'est ne vivre qu'à moitié.
Si la joie est aux montagnes,
La tristesse est à leur pied.
Ah ! laissons au fond des plaines
Et leurs brumes et leurs peines ;
Sur les pics audacieux,
L'homme est plus voisin des cieux.

DÉPART ET RETOUR.

Imité de l'allemand par M. Delcasso.

2.

Quand la rose que tu cueilles
Languissante défleurit,
Quand le lis perdant ses feuilles
Sur sa tige dépérit,
Je me dis : Ces fleurs si belles
Un jour nous reviendront-elles?
Lis et roses, mes amours.
Me fuyez-vous pour toujours, toujours?
Avez-vous fui pour toujours, toujours?

3.

Quand derrière la colline,
En dardant un dernier trait,
Le soleil couchant s'incline,
Baisse, baisse et disparait,
Quand s'étend la nuit profonde,
Je m'écrie : Astre du monde,
Demain dois-je te revoir ?
T'ai-je perdu, perdu sans espoir ?*(bis)*

4.

Ainsi tombe, ainsi s'efface
Tout ce qui brille ou fleurit !
Ce qui fut splendeur ou grâce
Ainsi passe ou se flétrit !
Nous aussi, fragiles choses,
Nous passons comme les roses,
Nous passons comme le jour :
Est-il pour nous, est-il un retour ?*(bis)*

5.

Dieu m'exauce, il va me rendre
Le soleil qui s'est voilé,
Le beau lis, la rose tendre
Et l'oiseau, cher exilé.
A l'enfant qui pleure un père,
Sa voix dit : Espère, espère !
Car la mort n'est qu'un sommeil ;
On se retrouve au jour du réveil.*(bis)*

HONNEUR ET VÉRITÉ.

CANON A 4 PARTIES.

Imité de l'allemand par M. Delcasso.

Pour l'honneur et la vé-ri-té Il faut par-ler en li-ber-té. Qui fait tou-jours bien son de-voir, Ne craint rien de l'hu-main pouvoir.

54. DÉPART ET RETOUR.

Imité de l'allemand par M. Delcasso.

Mélodie de F. Abt.

N° 57. Disposé pour trois voix égales

2.
Quand la rose que tu cueilles
Languissante défleurit,
Quand le lis perdant ses feuilles
Sur sa tige dépérit,
Je me dis : Ces fleurs si belles
Un jour nous reviendront-elles?
Lis et roses, mes amours,
Me fuyez-vous pour toujours,
      toujours?
Avez-vous fui pour toujours,
      toujours?

3.
Quand derrière la colline,
En dardant un dernier trait,
Le soleil couchant s'incline,
Baisse, baisse et disparaît,
Quand s'étend la nuit profonde
Je m'écrie : Astre du monde,
Demain dois-je te revoir?
T'ai-je perdu, perdu sans espoir?
      (bis)

4.
Ainsi tombe, ainsi s'efface
Tout ce qui brille ou fleurit!
Ce qui fut splendeur ou grâce
Ainsi passe ou se flétrit!
Nous aussi, fragiles choses,
Nous passons comme les roses,
Nous passons comme le jour :
Est-il pour nous, est-il un retour? (bis)

5.
Dieu m'exauce, il va me rendre
Le soleil qui s'est voilé,
Le beau lis, la rose tendre
Et l'oiseau, cher exilé.
A l'enfant qui pleure un père,
Sa voix dit : Espère, espère !
Car la mort n'est qu'un sommeil;
On se retrouve au jour du réveil. (bis)

AUX BOIS.

Imité de l'allemand par M. Deleusse.

Mélodie de Mæhring.

59.

2.
Aux bois, aux bois, au fond des bois
La vie épand ses flammes ;
Aux bois, au fond des bois
Tous les rameaux ont une voix:
Aux bois, au fond des bois
Les arbres ont leurs âmes ;
Aux bois, au fond des bois
La vie épand ses flammes,
Aux bois, aux bois, au fond des bois.

3.
Aux bois, aux bois, au fond des bois
Le vent tout bas murmure ;
Aux bois, au fond des bois
Le jour se glisse en tapinois.
Aux bois, au fond des bois,
Et rit sous la verdure.
Aux bois, au fond des bois
Le vent tout bas murmure,
Aux bois, aux bois, au fond des bois.

4.
Aux bois, aux bois, au fond des bois
Vers Dieu mon cœur s'élève ;
Aux bois, au fond des bois
Sous le vieux chêne où je m'assois.
Aux bois, au fond des bois
Souvent, le soir, je rêve;
Aux bois, au fond des bois
Vers Dieu mon cœur s'élève,
Aux bois, aux bois, au fond des bois !

LA CLOCHE DE LA PRIÈRE.

Imité de l'allemand par M. Delcasso

M. M. 120 = ♪

Mélodie de Louis Liebe.

N°59.

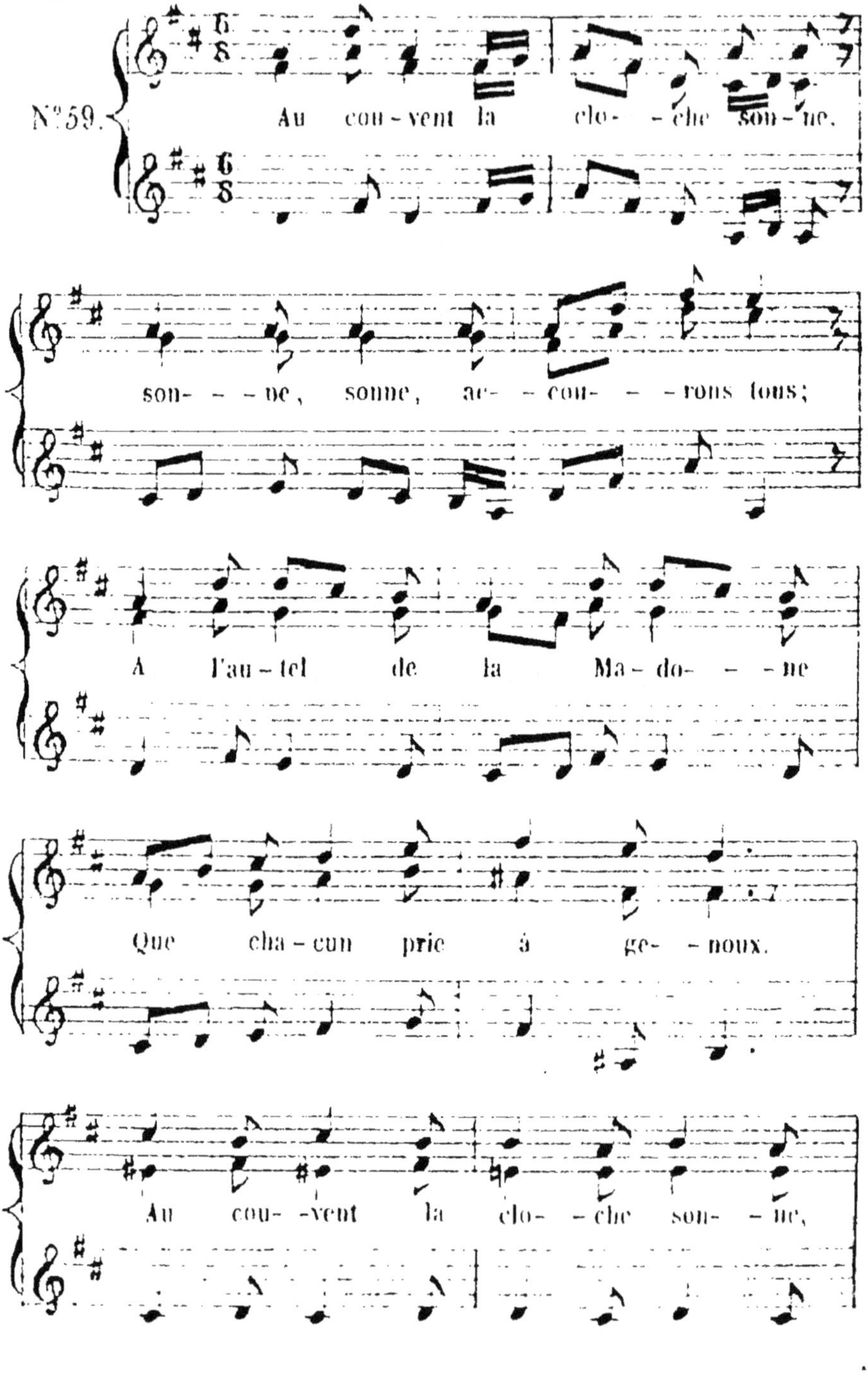
Au cou-vent la clo- -che son- -ne,
son- - - ne, sonne, ac- - con- - - rons tous;
A l'au-tel de la Ma-do- - - ne
Que cha-cun prie à ge- - noux.
Au cou- -vent la clo- -che son- - ne,

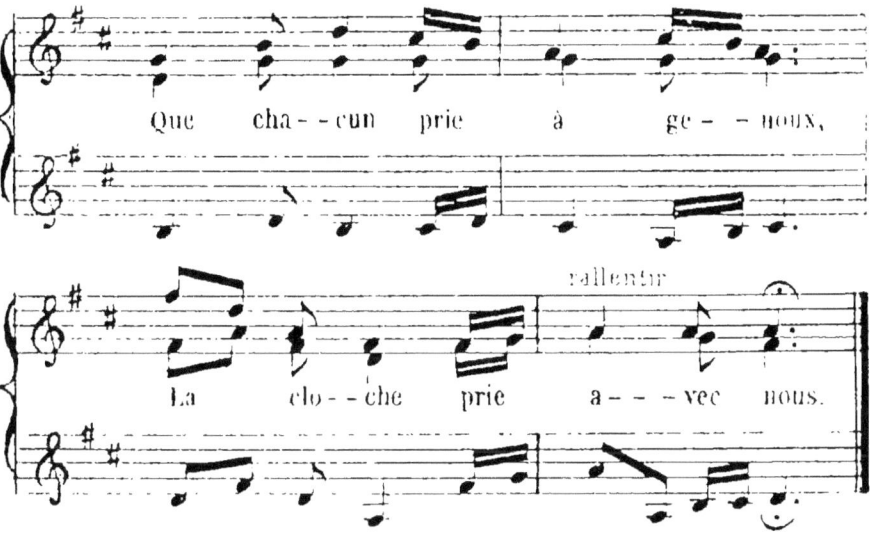

2.

Pour la fête de Marie
Allons ensemble au moûtier;
En sonnant la cloche prie;
Avec elle il faut prier.
Pour la fête de Marie
La cloche sonne au moûtier,
Avec elle il faut prier.

3.

Quand la clochette argentine
S'agite et sonne aux lieux saints,
A sa voix, troupe enfantine,
Joignons nos petites mains.
Quand la clochette argentine
S'agite et sonne aux lieux saints,
Joignons nos petites mains.

64.

2.
L'orgueil, en ces pompeux réduits
 Où l'ennui le consume,
Se plaint de la longueur des nuits
 Sur la soie et la plume.
Mieux vaut garder ma pauvreté
Et mon travail et ma gaité !

3.
Pour nous, le ciel a ses splendeurs,
 Les oiseaux leurs ramages,
La terre, des tapis de fleurs,
 Les bois, de frais ombrages.
Là tout porte au cœur enchanté
La douce paix et la gaité.

4.
L'avare, en amassant de l'or,
 Amasse bien des peines.
Pourquoi grossir un vain trésor ?
 C'est nous forger des chaînes.
Mieux vaut garder ma liberté,
Et mon travail et ma gaité !

5.
Pour l'homme épris des faux honneurs
 La nature est sans charmes ;
Le monde est un val de douleurs
 Toujours baigné de larmes.
Gardons avec simplicité
L'amour des champs et la gaité.

6
Pour nous, Dieu dore les épis
 Et fait mûrir les treilles ;
Il donne leur lait aux brebis
 Et leur miel aux abeilles.
Oui, c'est richesse, en vérité,
Que le travail et la gaité.

TABLE DES MATIÈRES

SUJETS RELIGIEUX

1. Notre père.
2. Prière du matin.
3. Prière du soir.
4. Bénédicité avant le repas.
5. Grâces après le repas.
6. Dieu sur tout.
7-8 La petite église.
9. L'ange de ...
10. Au revoir! Ou ...

SUJETS MORAUX

11. Le chant.
12. Chant du soir.
13. Au soleil couchant.
14. L'enfant et les fleurs (dialogue).
15. La prière des fleurs.
16. L'agnelet (apologue).
17. L'écolier laborieux.
18. Le jour après le travail.
19. La vieille ...
20. Le vrai ...
21. La vie est ...
22. Honneur et ...
23. Sur la mort d'un enfant.

NATURE CHAMPÊTRE

24. Le matin.
25. Chant du matin.
26. Une matinée de printemps.
27. Le retour du printemps.
28. Chant des oiselets.
29. Oiseau, ... et ruisseau.
30. Sommeil ...
31. La ...
32. La forêt.
33. La patrie ...

ÉTATS ET PROFESSIONS

34. Le réveil du laboureur.
35. Le pâtre matinal.
36. Les batteurs en grange.
37. Le moulin à blé.
38. Le potier.
39. Le chasseur.
40. Chant matinal du ...
41-42 Marche militaire.

SUJETS ENFANTINS

43. L'enfant à cheval sur un bâton.
44. L'abeille.
45. Le sapin.
46. Les jeux de l'enfance.

SUJETS NATIONAUX

47-48 Le p'tit caporal.
49-50 Napoléon.

CANONS

51. La cloche du matin (3 parties).
52. La cloche du soir (3 parties).
53. Hospitalité (3 parties).
54. Discrétion (4 parties).
55. Le chanteur (4 parties).
56. Rossignol (2 parties).
57. Plaisir permis (4 parties).
58. La vie est bonne (2 parties).
59. Printemps (4 parties).
60. Moralité du chant (...).
61. Chanter en chœur (...).